La littérature expliquée aux matheux

Pauline Delabroy-Allard et Kim Hullot-Guiot

Edigo

Sommaire

Des mots et des chiffres !

L'algèbre, les théorèmes de Pythagore ou de Thalès, ou encore les statistiques… tous ces domaines des mathématiques pures ou appliquées n'ont plus aucun secret pour vous ou presque ? En revanche, le surréalisme, le Nouveau Roman ou le romantisme sont des notions d'application beaucoup plus obscures pour vous. Pourtant, aimer les mathématiques ne veut pas dire négliger ou ne pas apprécier ni comprendre la littérature. Au contraire ! Les chiffres et les mots offrent une parfaite complémentarité intellectuelle et ouvrent, ensemble, le champ des connaissances et de la réflexion. La littérature française a ponctué l'histoire de notre pays et l'on peut dresser un panorama très intéressant de la diversité des courants de pensée en s'attachant aux différents courants littéraires d'un siècle, ou de plusieurs décennies. Certaines évolutions sociétales sont souvent marquées par une littérature riche, parfois engagée, souvent révélatrice. Les principaux enjeux du moment se retrouvent la plupart du temps inscrits noir sur blanc dans des œuvres incontournables, qu'ils soient politiques, sentimentaux ou autres.

Comprendre et connaître les grands auteurs, découvrir les œuvres majeures, c'est se donner les moyens d'accéder au cœur d'une société, d'une histoire, mais aussi de découvrir des talents particuliers, propres à chaque auteur.

Ces fiches didactiques, claires et bien construites vous donneront toutes les clés pour comprendre les œuvres des auteurs les plus importants du paysage littéraire français, qu'ils aient exercé leur talent au siècle des Lumières ou qu'ils aient manié la plume à une époque plus contemporaine. La biographie replace l'écrivain dans son espace créatif : sa vie, son œuvre ; elle est indispensable pour connaître et comprendre la personne qui se tient derrière les mots. Le résumé de l'œuvre vous plonge directement dans le livre et vous en dévoile les contenus essentiels. L'analyse en dix points, enfin, relève les éléments les plus marquants de l'œuvre en question.

RÉSUMÉ

Les *Essais* sont regroupés en trois livres. L'ouvrage débute par un court texte de présentation, intitulé « Au lecteur », dans lequel Montaigne affirme qu'il est de « bonne foi » et explique son projet : il écrit ce livre pour mieux se connaître, et pour mettre son esprit à l'épreuve sur différents sujets, sans ordre précis.

Le livre I, publié en 1580, comporte 57 chapitres de taille différente, ce qui en fait le plus long des trois livres. Montaigne y expose ses idées philosophiques sur la mort, l'amitié, l'éducation et la solitude. Le livre I s'ouvre sur une réflexion sur la multiplicité des comportements humains, puis sur la tristesse et sur les sentiments d'une manière plus générale. Le chapitre 5 marque un premier changement de sujet. Montaigne passe à des réflexions historiques et à des observations concernant le monde militaire : pour lui, une victoire respectable ne peut exister qu'après une bataille loyale. Le livre continue avec des considérations sur la peur (chapitre 17), sur la philosophie, avec cette célèbre phrase de l'auteur : « Que philosopher, c'est apprendre à mourir » (chapitre 19), sur l'imagination (chapitre 20). Plus loin, il avertit son lecteur sur la force des habitudes (chapitre 22). Très importants, les chapitres 25 et 27 traitent de l'éducation des enfants et de l'amitié. Le chapitre 30 est une analyse sur les cannibales. Le chapitre 38 traite de la solitude, Montaigne y explique que pour lui, l'homme n'est vraiment libre que lorsqu'il arrive à se contenter de lui-même.

Le livre II, publié en même temps que le livre I, comporte 37 chapitres. Montaigne y précise son projet : il veut écrire son propre portrait pour mieux se connaître. Le livre II est plus centré sur sa personne. Il y expose des réflexions sur les relations entre les parents et les enfants, la maladie, le suicide. L'auteur revient sur l'inconstance des hommes (chapitre 1), développe ses idées sur la conscience morale et la torture (chapitre 5), y explique ce qu'il pense être, pour les pères, la bonne manière d'aimer leurs enfants (chapitre 8). Au chapitre 10, il décrit le lecteur qu'il aimerait avoir pour ses *Essais* puis révèle ses pratiques de lecture et ses auteurs préférés. Parmi eux : Virgile, Horace, Sénèque… Au chapitre 15, il explique que pour lui, l'idée de la mort donne à la vie toute sa valeur. Il traite aussi de la vertu (chapitre 29), de la colère (chapitre 31) et de la médecine (chapitre 37).

Le livre III ne comporte que 13 chapitres, bien plus longs que ceux des autres livres, et paraît en 1588. Montaigne est devenu maire de Bordeaux et y livre beaucoup de réflexions politiques, mais aussi ses idées sur la vanité (chapitre 9) et la volonté (chapitre 10). Dans le dernier chapitre, il présente sa manière de vivre et sa recherche de la vérité. Sa philosophie consiste à suivre la Nature, bienveillante envers l'homme.

Les *Essais*

Michel de Montaigne 1580-1588

Michel de Montaigne naît en 1533 au château de Montaigne, près de Bordeaux. Sa famille, les Eyquem, est une riche famille de négociants qui ont été anoblis. Son père, humaniste convaincu, offre au jeune Michel une éducation libérale. Un précepteur lui enseigne le latin avant qu'il n'entre au collège de Guyenne, à Bordeaux. Après des études de droit, il devient, en 1557, conseiller au parlement de Bordeaux. L'année suivante, il y rencontre Étienne de La Boétie, avec qui il entretiendra une amitié profonde. Il épouse en 1565 Françoise de La Chassaigne, et touche en 1568, à la mort du père de cette dernière, un héritage considérable. Il quitte en 1571 sa charge de conseiller afin de se consacrer à l'étude : c'est à cette période qu'il commence à rédiger les *Essais*, dont les deux premiers livres paraissent en 1580. En 1574, Montaigne s'engage dans l'armée catholique et combat au sein des guerres de religion, dont la sixième prend fin en 1577. Atteint de la maladie de la pierre, l'auteur entreprend de grands voyages en France, mais aussi en Italie et en Allemagne, d'où il tire son *Journal de voyage*, édité en 1774. En septembre 1581, lors d'un séjour en Italie, Montaigne apprend qu'il a été élu maire de Bordeaux. À la demande de Henri III, il accepte cette charge. Il est réélu en 1583. En 1588 paraît une nouvelle édition des *Essais*, agrémentée d'un troisième livre, mais Montaigne n'a de cesse, jusqu'à sa mort, de compléter et de remanier l'œuvre de sa vie. Il meurt à l'âge de 59 ans, dans son château.

① Le genre de l'essai

À l'époque de Montaigne, le terme « essai » est utilisé dans le sens d'« expérience ». Aussi, les essais sont des expériences que Montaigne rassemble dans son grand projet : « Toute cette fricassée que je barbouille ici n'est qu'un registre des essais de ma vie », écrit-il dans le dernier chapitre de son livre III, intitulé justement « De l'expérience ». Les *Essais* sont, à l'origine, des réflexions sur les lectures de Montaigne, mais le commentaire personnel supplante vite cette première intention, créant un véritable genre. Un essai se caractérise par plusieurs choses : il s'agit de l'expression d'une subjectivité qui vise à convaincre un destinataire. Pour autant, l'essai n'est pas une démonstration philosophique, mais plutôt une discussion sur des idées diverses, c'est pourquoi les sujets sont souvent traités de plusieurs manières. Ainsi, chez Montaigne, l'essai prend la forme d'un dialogue avec le lecteur qu'il apostrophe dès l'Avis : « C'est ici un livre de bonne foi, lecteur », mais aussi avec les Grecs et Romains de l'Antiquité dont il convoque les pensées pour mieux les commenter. Mais Montaigne dialogue également avec lui-même, ajoutant sans cesse des commentaires à son texte, au fil de ses relectures. « J'ajoute, mais je ne corrige pas », explique-t-il au chapitre 9 du livre III. Les *Essais* sont des textes constamment travaillés et réfléchis, auxquels il est bien difficile de mettre un point final.

② Le genre de l'autoportrait

Dans l'Avis au lecteur, Montaigne explique le projet des *Essais* : « Je veux qu'on m'y voie en ma façon simple, naturelle et ordinaire, sans contention ni artifice : car c'est moi que je peins. » Le texte possède certaines des caractéristiques de l'autobiographie. On trouve un portrait de l'auteur (livre II, chapitre 17), qui se révèle être « d'une taille un peu au-dessous de la moyenne » pour le physique, et d'un tempérament « entre le jovial et le mélancolique » pour le caractère. Il livre aussi dans les *Essais* des pensées intimes qui ressemblent à des confessions : « Plusieurs choses que je ne voudrais dire à personne, je les dis au peuple », écrit-il dans le chapitre 12 du livre III. Loin d'être un texte narcissique entièrement centré sur la personne de l'auteur, les *Essais* posent un regard critique et sincère sur la personnalité de Montaigne. Il se garde bien, par exemple, d'évoquer les nombreux honneurs qu'il a reçus tout au long de sa vie. Faire son autoportrait est un moyen de se connaître lui-même, et la difficulté de l'exercice réside dans le fait qu'il cherche à saisir le mouvement de son être : « C'est une épineuse entreprise [...] de suivre une allure si vagabonde que celle de notre esprit » (livre II, chapitre 6). Montaigne résume son autoportrait au chapitre 18 du livre II en qualifiant les *Essais* de « livre consubstantiel à son auteur » qui l'a révélé à lui-même.

③ L'humanisme

L'humanisme est un mouvement d'idées de la Renaissance qui se caractérise par la foi en l'homme et en l'esprit critique, par le désir de connaissance et par l'envie de redécouvrir les textes, les idées et les grands penseurs de l'Antiquité. Montaigne est un auteur humaniste dans le sens où il prône, dans les *Essais*, des valeurs humanistes : la liberté, la justice, le respect d'autrui. Dans le chapitre 9 du livre III, il explique qu'il aurait aimé vivre pendant l'Antiquité, et plus précisément pendant la période de la République romaine : « Me trouvant inutile à ce siècle, je me rejette à cet autre, et en suis si embabouiné que l'état de cette vieille Rome, libre, juste et florissante [...], m'intéresse et me passionne. » Montaigne, fasciné par les valeurs contenues dans cette période (héroïsme, vigueur, grandeur), déplore de ne pas les retrouver à son époque. La valeur qu'il admire le plus semble être la vertu. Il explique au chapitre 11 du livre II que la vertu est un idéal moral qui est le but ultime de l'accomplissement de l'homme. Montaigne considère qu'il possède une vertu spontanée qui le détourne naturellement des vices, et surtout de la cruauté, ainsi que de la lâcheté, qui est pour lui « mère de cruauté » (livre II, chapitre 27). Montaigne, comme les autres humanistes, voit l'éducation comme un moyen de rendre l'homme meilleur. C'est pourquoi il a tant soif de connaissance.

④ L'amitié et l'amour

C'est en 1558 que Michel de Montaigne rencontre Étienne de La Boétie : c'est un véritable coup de foudre amical, aussi fort que bref puisque La Boétie meurt cinq ans après leur rencontre. Dans les *Essais*, Montaigne évoque cette amitié à plusieurs reprises, mais notamment dans le chapitre 27 du livre I, intitulé « De l'amitié ». Situé au centre du premier livre, ce chapitre est essentiel dans les *Essais*. Montaigne fait le récit de son amitié avec La Boétie en déterminant que la véritable amitié, contrairement aux « accointances et familiarités nouées par quelque occasion », ne peut exister sans union complète de deux âmes. Or, pour Montaigne, son amitié avec La Boétie était écrite par le destin : « Il y a [je] ne sais quelle force inexplicable et fatale, médiatrice de cette union » hors du commun puisque, contrairement aux autres relations, elle n'est pas placée sous le signe du « patron des amitiés molles et régulières ». Pour Montaigne, l'amour amène une distance qui n'existe pas dans l'amitié profonde. Il faut dire qu'il considère l'amour soit par le prisme du désir et de la recherche du plaisir, soit par le prisme du mariage, dont il parle comme d'un « marché » (livre III, chapitre 5). Il parle avec beaucoup de liberté de l'amour physique (livre III, chapitre 5), et de l'impuissance sexuelle (livre I, chapitres 21, 54). Pour lui, la poésie est l'art le plus adéquat pour parler d'amour.

⑤ La question de l'éducation

Pour les humanistes, la pédagogie est ce qui permet à l'homme d'aller vers le bien, la liberté et vers l'idéal humaniste. En effet, l'enfant est perçu comme une terre vierge de bonne nature mais qu'il convient de cultiver avec bon sens pour éviter qu'elle ne se détériore sous la puissance de mauvais traitements. Montaigne, en tant qu'auteur humaniste, propose dans les *Essais* une théorie pédagogique et des principes d'éducation. Il recommande une éducation individuelle loin des « geôles de jeunesse captive » que sont les collèges et qui, à cette époque, pratiquent la punition. Le mieux est d'avoir un précepteur (comme lui-même lorsqu'il était enfant) à l'écoute de son jeune élève : « Je ne veux pas qu'il invente et parle seul, je veux qu'il écoute son disciple parler à son tour » (livre I, chapitre 26). Dans le chapitre 24 du livre I, intitulé « Du pédantisme », Montaigne s'oppose à l'apprentissage « par cœur » qui, pour lui, ne fait que « remplir la mémoire » et laisse « la conscience vide ». Il préconise, au contraire, de développer l'esprit critique de l'enfant. L'éducation, selon Montaigne, s'étend de l'esprit au corps : il faut que l'enfant apprenne à maîtriser ses instincts et ses passions, il doit s'aguerrir le corps pour affronter toutes sortes de situations. L'objectif de l'éducation, pour Montaigne, est de former des hommes libres de choisir la vérité.

⑥ La question de la guerre et de la conquête du Nouveau Monde

Les *Essais*, et notamment le livre I, sont remplis de textes militaires. En effet, Montaigne s'intéresse vivement au comportement des grands chefs guerriers (comme César) et aux stratégies militaires. Il consacre tout un chapitre (le chapitre 45 du livre I) à la bataille de Dreux, qui s'est déroulée au début des guerres de religion et dont Montaigne est contemporain : il déduit qu'il est parfois nécessaire, pour un chef militaire, de sacrifier une partie de son effectif pour finalement remporter la victoire. Or, Montaigne, en tant qu'humaniste, est pacifique. En 1585, il décide de ne plus prendre part aux combats qui secouent la France tant il les juge immoraux. Pour lui, la guerre pratiquée durant l'Antiquité était l'occasion de prouver son courage et sa bravoure et avait « autant d'excuse et de beauté que cette maladie humaine en peut recevoir » (livre I, chapitre 31), tandis que la guerre moderne n'a pas d'autre but que « nous entredéfaire et nous entretuer » (livre II, chapitre 12). Montaigne se montre révolté contre la guerre civile et notamment contre les guerres de religion qui, sous couvert d'invoquer Dieu, justifient les crimes et les atrocités. De la même manière, Montaigne, outré par la conquête du Nouveau Monde, condamne la colonisation moderne qu'il oppose à celle opérée par les Anciens qui ont colonisé sans brutaliser (livre III, chapitre 6).

7 La question de la religion

Dans les *Essais*, Montaigne ne cache pas qu'il est catholique mais prend du recul par rapport à cette religion. Il considère que la religion est un héritage culturel : « Nous sommes chrétiens au même titre que nous sommes ou périgourdins ou allemands », « ce n'est pas par la réflexion ou par notre intelligence que nous avons reçu notre religion, c'est par voie d'autorité et par un ordre étranger » (livre II, chapitre 12). Au chapitre 3 du livre II, il se fait le défenseur du suicide, qui est pourtant réprouvé par l'Église. Au chapitre 2 du livre III, intitulé « Du repentir », Montaigne explique qu'il ne croit pas que l'on puisse se repentir des fautes que l'on commet souvent, des « vices qui, par longue habitude, sont enracinés ». Dans le chapitre intitulé « Des prières » (livre I, chapitre 56), l'auteur assure son appartenance à l'Église catholique mais exprime des réserves sur l'utilisation que font les hommes de la prière : au lieu de la considérer comme un moyen de se faire pardonner leurs péchés, ils s'en servent comme d'une formule magique. Il explique que pour lui, le meilleur juge de l'homme est sa conscience, et que c'est pour cela qu'il met en valeur l'action morale, qui lui paraît primordiale. Il souligne aussi l'importance de la modération et de la réserve : la dévotion démesurée de certains cache parfois « la haine, l'avarice et l'injustice » (livre I, chapitre 56).

8 La question de l'histoire

Montaigne évoque l'histoire dans presque chacun des chapitres des *Essais*, et notamment dans les deux premiers livres, où cela lui permet souvent de développer des idées à partir d'une réflexion historique. Dans le chapitre 10 du livre II, intitulé « Des livres », Montaigne révèle qu'il lit beaucoup d'historiens anciens comme Hérodote, Tite-Live, César, mais aussi des historiens contemporains comme Froissart ou Guichardin. Il considère l'histoire comme une réserve d'exemples dont il se sert pour décortiquer le comportement humain : « L'homme en général, de qui je cherche la connaissance, y paraît plus vif et plus entier qu'en nul autre lieu. » Montaigne cherche aussi à comprendre l'époque dans laquelle il vit en étudiant l'histoire passée : il n'a de cesse de faire dialoguer les événements du passé avec ceux du présent. Les Grecs et les Romains constituent pour lui des modèles, comme Alexandre ou César. En effet, Montaigne, éduqué par un père humaniste, se sent proche des comportements des Anciens : « J'ai eu connaissance des affaires de Rome longtemps avant que je l'aie eue de ceux de ma maison » (livre III, chapitre 9). Ce qui fascine particulièrement Montaigne dans sa lecture des historiens, ce sont les récits des vies privées des grands hommes, comme les *Vies des hommes illustres* de Plutarque, à la lecture desquelles il améliore sa connaissance des hommes.

9 Montaigne et la philosophie

Dans le chapitre 19 du livre I, dont il emprunte le titre à Cicéron (« Que philosopher, c'est apprendre à mourir »), Montaigne s'interroge sur la manière dont les hommes vivent tout en sachant que « le but de notre carrière, c'est la mort ». À 45 ans, Montaigne tombe malade : il est atteint de la gravelle. L'expérience de la douleur qu'il fait à ce moment-là le pousse à réfléchir sur la douleur, mais aussi sur la mort, qu'il craint terriblement. Analyser et décrire sa souffrance lui permet de dominer ses réactions. Considérant que sa maladie et sa souffrance sont des choses naturelles, Montaigne refuse de se faire aider par des médecins. Il écrit dans le dernier chapitre des *Essais* (livre III, chapitre 13), intitulé « De l'expérience » : « Laissons un peu faire la Nature, elle entend mieux faire ses affaires que nous. » La douleur est aussi pour lui un moyen d'apprécier à leur juste valeur les moments de plaisir, comme la mort donne toute sa valeur à la vie. Pour Montaigne, c'est en se connaissant lui-même que l'homme atteint la sagesse. Dans le chapitre 38 du livre I, « De la solitude », l'auteur développe l'idée que c'est en se détachant d'autrui que l'on peut le mieux se connaître véritablement. Il associe son idée de la connaissance de soi avec l'idée qu'il se fait de la Nature : il faut jouir des plaisirs simples que nous offre la Nature, ce « doux guide ».

10 L'écriture de Montaigne dans les *Essais*

L'objectif principal des *Essais* étant, pour Montaigne, de se connaître lui-même, il s'interroge sur l'écriture adéquate pour servir son grand projet. Ce qui lui importe, ce n'est pas « bien dire », c'est « bien penser » (livre III, chapitre 5), mais il a tout de même le désir de trouver une manière juste d'énoncer ses pensées. Montaigne refuse le « fard » de la rhétorique et essaye de se contenter de formulations simples : « Le parler que j'aime, c'est un parler simple et naïf, tel sur le papier qu'en la bouche », écrit-il au chapitre 26 du livre I. Pourtant, il utilise grand nombre d'antithèses, de comparaisons et de métaphores et n'hésite pas à saupoudrer ses écrits d'une ironie mordante. L'écriture des *Essais* est très rythmée, alternant sans relâche des phrases incisives et des phrases longues plus propices à traduire les circonvolutions de la pensée. Le désir de Montaigne est de pousser son lecteur à la réflexion : il ne livre jamais une observation sans donner d'exemple, et même souvent de contre-exemple. Sans chercher à convaincre son lecteur à tout prix, Montaigne établit une stratégie argumentative qui se met en place dans la répétition des sujets traités. Concernant la cruauté, par exemple, il la déplore dans les chapitres 5, 11, 12 et 27 du livre II, et revient à nouveau dessus dans le chapitre 1 du livre III, ce qui met en valeur ce sujet qui lui est cher.

RÉSUMÉ

Le premier acte de la pièce met en scène Pridamant, un père désespéré de n'avoir pas vu son fils, Clindor, depuis plus de dix ans. Ce dernier a fui la maison paternelle parce qu'il ne supportait plus la sévérité de son père. Pridamant se rend chez un vieux magicien, Alcandre, sur le conseil de son ami Dorante qui lui a promis que le mage pourrait l'aider à retrouver la trace de son fils. Alcandre le reçoit dans sa grotte et le rassure tout de suite sur l'état de Clindor, qui est *« plein de vie et d'honneur »* (v. 123). Alcandre se propose de révéler à Pridamant l'histoire de Clindor au moyen de *« spectres pareils à des corps animés »* (v. 152). Il lui raconte qu'en partant de chez son père, le jeune garçon a exercé à Paris toutes sortes de métiers peu glorieux avant de s'installer à Bordeaux, où il est devenu le servant d'un capitaine gascon : Matamore. L'acte II s'ouvre sur Alcandre et Pridamant qui se mettent chacun sur un des côtés de la grotte afin de laisser la place à la représentation magique de la vie du jeune Clindor. Matamore et Clindor apparaissent grâce aux pouvoirs du mage. Matamore est un fanfaron qui, dans une profusion de paroles, révèle qu'il aime Isabelle, aussi aimée par Clindor et par Adraste, un gentilhomme qui demande sa main à son père. Lyse, la servante d'Isabelle, qui aime Clindor en cachette mais ne supporte pas le mépris que celui-ci lui adresse, propose à Adraste son aide pour se débarrasser du jeune homme. Pridamant craint pour la vie de son fils. L'acte III met en scène le combat qui oppose Adraste et Géronte, le père d'Isabelle, à Clindor. Matamore s'enfuit, tandis que le jeune homme blesse à mort Adraste. Clindor est arrêté et condamné à mort pour le meurtre du gentilhomme. L'acte IV s'ouvre sur Isabelle déclamant un monologue au sujet de son amoureux promis à un funeste destin. Elle décide de se suicider juste après l'exécution. Arrive Lyse qui, pleine de remords, lui apprend qu'elle a séduit le frère du geôlier de Clindor afin de faire évader le jeune homme. Clindor, lors d'une scène pathétique, s'exprime seul dans sa prison sur l'amour qu'il porte à Isabelle. Lyse et Isabelle viennent le libérer de nuit. Pridamant est soulagé. L'acte V montre un changement de décor : Isabelle apparaît dans un habit somptueux. Elle se plaint à Lyse de l'infidélité de Clindor, son *« perfide époux »* (v. 1359), qui semble être tombé amoureux de Rosine, l'épouse du prince Florilame. Devant l'émotion d'Isabelle, qui menace de se suicider, Clindor se ressaisit et renonce à Rosine. Mais Clindor était surveillé par un officier du prince, qui apparaît avec des domestiques : dans l'échauffourée, Rosine et Clindor sont tués. Pridamant est au désespoir devant la mort de son fils jusqu'à ce qu'Alcandre lui montre Clindor et Isabelle en train de se partager de l'argent. C'est la recette du spectacle que vient de voir Pridamant : son fils est devenu comédien.

L'Illusion comique

Pierre Corneille 1635-1636

Pierre Corneille est né à Rouen en 1606 dans une famille de la bourgeoisie de robe. Après de brillantes études dans un collège tenu par des jésuites, où il se distingue par sa passion pour le théâtre, il s'oriente vers le droit. Il devient avocat au parlement de Rouen en 1624. Parallèlement à son métier, il commence à écrire. Avec sa première œuvre, *Mélite*, parue en 1629, Corneille invente un nouveau genre théâtral : la comédie de mœurs. Devant la réussite de la pièce, jouée avec succès à Paris, le dramaturge persévère et produit plusieurs pièces, qu'il s'agisse de tragi-comédies (*Clitandre*, 1631 ; *L'Illusion comique*, 1635-1636) ou de comédies (*La Veuve*, 1632 ; *La Place royale*, 1634). Protégé par le ministre de Louis XIII, le cardinal de Richelieu, Corneille écrit *Médée*, sa première tragédie, en 1635, puis connaît la gloire avec l'écriture du *Cid* en 1637. Pourtant, malgré l'accueil enthousiaste du public, les détracteurs lettrés de Corneille ne se privent pas d'attaquer la pièce, qui est condamnée par l'Académie française à la fin de l'année suivante. Après deux ans passés sans écrire auprès de sa famille, Corneille se lance dans l'écriture d'une série de tragédies ayant pour toile de fond l'histoire romaine : *Horace* (1640), *Cinna* (1641), *Polyeucte* (1642). Il revient à la comédie avec *Le Menteur* (1643). Élu à l'Académie en 1647, il continue à écrire des pièces jusqu'en 1674. Il produit aussi trois discours théoriques sur le théâtre. Il meurt en 1684, à 78 ans.

① La structure de la pièce : le théâtre dans le théâtre

La structure de *L'Illusion comique* est complexe : la pièce est construite sur trois niveaux, s'appuyant sur le principe du théâtre dans le théâtre. Le premier niveau nous est présenté dès l'ouverture de la pièce. Il s'agit du dialogue entre Pridamant et Alcandre. L'intrigue est simple, et la structure est encore traditionnelle. Nous retrouvons ce niveau pendant tout l'acte I, mais aussi lors des dernières scènes des actes II, III et IV et à la première et à la dernière scène de l'acte V. Le deuxième niveau insère un spectacle dans le niveau 1 : il s'agit des spectres que fait surgir le magicien et qui ont l'apparence de Clindor, Isabelle, Matamore… Ce deuxième niveau court sur les actes II (sauf scènes 1 et 9), III (sauf scène 12) et IV (sauf scène 10). Enfin, le troisième niveau accentue encore la complexité de la pièce en enchâssant un nouveau spectacle. En effet, aux scènes 2, 3, 4 et 5 de l'acte V, Clindor, Isabelle et Lyse, devenus comédiens, jouent une tragédie. Le procédé du théâtre dans le théâtre intervient quand une pièce a pour sujet principal le théâtre ou la vie des comédiens. Dans *L'Illusion comique*, Corneille utilise avec brio ce procédé pour faire avancer le spectateur du réel au fictif : par des jeux de miroirs et une utilisation de l'indicatif présent qui assure la liaison entre les différents niveaux, il parvient à conserver une cohérence à l'ensemble.

② Les personnages féminins

L'Illusion comique est une pièce qui comporte treize personnages, ce qui est un nombre important pour l'époque de Corneille. En effet, les troupes de théâtre étaient composées de peu de comédiens et les auteurs écrivaient en fonction de cela. Quelques personnages sont secondaires comme Dorante, qui n'est présent que dans la première scène, ou le geôlier, présent dans trois scènes seulement. Les personnages féminins sont au nombre de deux, si on met de côté Rosine, qui est un personnage du théâtre dans le théâtre. Isabelle est une jeune femme noble, fille de Géronte qui veut la marier à un gentilhomme. Mais la jeune fille, qui aime Clindor et se sait aimée de lui, ne se laisse pas dicter sa conduite : « *Je veux choisir pour moi* » (v. 516), lance-t-elle à Géronte. Elle prend la posture de l'héroïne tragique lorsqu'elle paraît décidée à se suicider si jamais Clindor meurt exécuté. Lyse, la servante d'Isabelle, est le deuxième personnage féminin de la pièce. Son caractère est plus complexe : elle aussi est amoureuse de Clindor, mais le mépris de ce dernier la fait souffrir. Elle arrive à dissimuler cette blessure avec une bonne humeur feinte jusqu'à ce que, par dépit, elle aide à le faire capturer. Mais sa générosité est remarquable : prise de remords, elle aide Clindor à s'échapper et à retrouver Isabelle en acceptant d'épouser le geôlier, qu'elle n'aime pourtant pas.

③ Les personnages masculins : le père et le fils

Par sa sévérité, Pridamant représente le type du père de comédie tel qu'il était habituel de le voir dans le théâtre de Corneille ou de Molière. Mais Pridamant est aussi un père désespéré par la disparition de son fils, qui a compris que ce dernier était parti en raison de ses *« traitements trop rudes »* (v. 22). Il a parcouru plusieurs pays afin de retrouver Clindor, et c'est vraiment affligé qu'il rend visite à Alcandre. Après avoir été rassuré sur le sort de son fils, Pridamant se montre indigné et très mécontent du métier qu'exerce ce dernier. Mais après avoir entendu l'éloge du théâtre que fait le vieux mage à la fin de la pièce, il se montre finalement compréhensif et déclare même : *« Le métier qu'il a pris est meilleur que le mien. »* (v. 1808) Pridamant représente symboliquement le spectateur : il permet d'exprimer tout haut ce que le public pense tout bas. Son fils, Clindor, est un personnage atypique : né dans une famille bourgeoise, il est pourtant plein du désir d'aventure. Son caractère ardent, qui le fait se rebeller contre l'autorité paternelle, le fait aussi rechercher la liberté à tout prix. Il a exercé des métiers peu recommandables, a volé de l'argent, ment souvent. Or, c'est en devenant comédien qu'il échappe à une vie malhonnête et marginale : en satisfaisant son goût pour la liberté et le changement, le théâtre permet à Clindor de changer ses défauts en qualités.

④ Les personnages masculins : le mage et le capitaine

Alcandre, le magicien, est aussi la représentation d'un personnage traditionnel des comédies de l'époque de Corneille. Dans les pastorales, les magiciens avaient le rôle de concocter des philtres pour aider l'amour ou faire revenir les morts. Alcandre connaît bien ces *« miracles »* (v. 88) sans pour autant être un sorcier. Très âgé, il a une grande expérience de la vie et sait se montrer fin psychologue. Ainsi, il fait sortir Dorante, l'ami de Pridamant, pour révéler à celui-ci la vie peu recommandable que mène Clindor (v. 157). Alcandre est une représentation symbolique du dramaturge. Comme le créateur, il met en scène une intrigue avec des spectres qui sont comme des personnages, il est maître de la chronologie et de l'espace. Le personnage de Matamore est aussi un type littéraire, le modèle du soldat fanfaron qui existe depuis le théâtre grec et romain. Vantard, il n'a de cesse de se glorifier : à l'écouter, il serait le plus preux des guerriers et le meilleur des amants. Or, la réalité dément toujours ses exagérations : Matamore s'enfuit au moindre bruit inquiétant, et il renonce à la femme qu'il prétend aimer, Isabelle, dès lors qu'un autre soupirant le provoque en duel. Le personnage de Matamore représente symboliquement le comédien qui a constamment besoin d'un public qui le soutient dans ses fanfaronnades : Clindor remplit ce rôle en entretenant ses illusions.

⑤ L'illusion

En annonçant la présence de l'illusion dès le titre de la pièce, Corneille met en valeur ce thème central. Une illusion est une perception erronée de la réalité : ce qui est faux est pris pour le vrai, le réel. L'illusion est présente de plusieurs manières dans la pièce. Dans un premier temps, on peut souligner les divers mensonges que font les personnages. Que ce soit Matamore qui ment au sujet de prouesses imaginaires, Isabelle qui fait semblant d'apprécier le fanfaron, ou bien Lyse qui ment sur son amour afin de sauver Clindor, tous mentent à un moment de la pièce et apparaissent aux autres différents de ce qu'ils sont en réalité. C'est l'univers des masques : chaque personnage est illusionné par des mensonges qui ressemblent presque trait pour trait à la réalité. Le procédé du théâtre dans le théâtre tend à généraliser l'illusion. En effet, Clindor, Isabelle, Matamore et Lyse sont des spectres, c'est-à-dire des apparences, mais si ressemblants au réel que le spectateur qu'est Pridamant réagit à ce qu'il voit comme si c'était la vraie vie : « *J'ai pris sa mort pour vraie, et ce n'était que feinte.* » (v. 1781) La portée de la pièce dépasse alors le simple amusement du spectateur pour aller vers la philosophie : si la pièce de théâtre jouée à la fin de l'acte V ressemble à la vie, n'est-ce pas parce que, finalement, la vie elle-même est une illusion ?

⑥ La représentation du théâtre dans *L'Illusion comique*

L'Illusion comique est une pièce qui met en scène le théâtre. Ainsi, le spectacle est celui du spectacle que regardent Pridamant et Alcandre, et les divers personnages ont pour fonction d'être des figures symboliques ayant trait au théâtre : Alcandre représente le dramaturge, Pridamant le spectateur, Matamore et Clindor sont les figures respectives de l'acteur manqué et du comédien épanoui. La pièce met aussi en scène le théâtre en présentant presque tous les genres de théâtre qui existent à l'époque de Corneille : tour à tour comédie (avec l'intrigue de l'amour contrarié), tragédie (avec le dernier acte), farce (avec la présence du personnage de Matamore) et pastorale (avec le magicien et la grotte où vit celui-ci). On peut la qualifier de tragi-comédie puisque finalement tout se termine bien. Corneille utilise le personnage d'Alcandre, c'est-à-dire son double sur scène, afin de donner à lire ou à entendre un éloge du théâtre pour convaincre Pridamant que le métier qu'a choisi son fils n'est pas honteux. Il argumente en faisant valoir que le théâtre est un divertissement à la fois collectif et celui du roi et de sa cour : « *Les délices du peuple et le plaisir des grands.* » Corneille réhabilite la comédie en mettant en avant le lien social qu'elle crée, mais il explique aussi ses bienfaits moraux : avec *L'Illusion comique*, il montre que le théâtre permet de se connaître soi-même.

⑦ Le baroque dans *L'Illusion comique*

Le mot *baroque* vient du portuguais *barroco* qui désigne, en joaillerie, une perle de forme irrégulière. Par extension, le terme décrit ce qui est étrange, hors des normes. Le baroque est devenu un mouvement artistique européen : il s'agit d'une vision du monde qui se retrouve dans tous les arts. Concernant la littérature française, on situe sa période dominante entre 1580 et 1640. Le baroque est une vision philosophique dans le sens où il se positionne contre le classicisme en rejetant les valeurs de stabilité et de constance. Selon la vision baroque, l'homme est plein de changements, rien n'est jamais stable. Aussi, *L'Illusion comique* est une pièce baroque en ce qu'elle est dominée par la variété et les mouvements : il n'y a pas de personnage vraiment principal, on passe d'un protagoniste à l'autre au fil des actes (Alcandre est mis en valeur à l'acte I, puis Matamore à l'acte II, Clindor à l'acte III, Lyse à l'acte IV). En amour, les héros sont inconstants, voire infidèles (comme dans l'acte V). Enfin, la pièce mélange les registres et les tons avec brio, selon le souhait de Corneille : *« Le premier acte n'est qu'un prologue, les trois suivants font une comédie imparfaite, le dernier est une tragédie ; et tout cela, cousu ensemble, fait une comédie »*, écrit-il dans la dédicace. Par tous ces aspects, *L'Illusion comique* atteint le statut de chef-d'œuvre du théâtre baroque.

⑧ La dramaturgie baroque

Le baroque est donc le mouvement du changement, de l'inconstance. Le théâtre baroque est un théâtre du spectaculaire : contrairement au théâtre classique qui se veut la copie de la vie réelle, le théâtre baroque privilégie la fantaisie, l'amusement, et peu importe si l'illusion théâtrale est rompue. *L'Illusion comique* est une pièce baroque en ce qu'elle présente une variété de lieux et d'actions qui l'éloignent définitivement du théâtre classique. Ainsi, l'intrigue se déroule dans plusieurs lieux : tout d'abord, dans la grotte du mage Alcandre, puis sur une place de la ville de Bordeaux, puis chez Géronte, le père d'Isabelle, puis dans la prison où est enfermé Clindor, puis, à l'acte V, dans le parc d'un château, puis dans les coulisses du théâtre où jouent Isabelle et Clindor. L'unité de temps n'est pas non plus respectée par Corneille, qui se permet de faire des sauts dans la chronologie, comme entre l'acte III et l'acte IV, où il se passe *« quatre jours »* (v. 1079). L'action de la pièce est multiple : Corneille écrit en 1660 « qu'on ne sait pas à la fin du quatrième acte ce que deviennent les principaux personnages ». L'intrigue est incomplète, ce qui est un trait de la dramaturgie baroque. Enfin, la vraisemblance n'est pas respectée, la pièce reposant sur les pouvoirs magiques d'Alcandre. La magie est un artifice de plus pour assouvir le goût du public pour le spectaculaire.

9 L'écriture de Corneille

L'Illusion comique est une pièce pleine de fantaisie dans sa structure et son intrigue, mais aussi dans son écriture. La fantaisie signifie en effet dans un premier sens ce qui tient de la jonglerie verbale, et dans un second sens ce qui est comique, léger. La jonglerie verbale est avant tout celle du personnage de Matamore. Quand il se vante de ses exploits, il ne peut utiliser que les mots pour figurer les actes qu'il invente : ses tirades hyperboliques sont truffées d'accumulations qui amènent le comique par effet d'exagération. Ainsi, lorsqu'il évoque l'éventuel incendie de la maison de Géronte, il s'exclame (v. 754-756) : *« Plomb, fer, plâtre, ciment, peinture, marbre, verre, / Caves, puits, cours, perrons, salles, chambres, greniers, / Offices, cabinets, terrasses, escaliers. »* Mais l'écriture de Corneille emploie aussi d'autres tonalités et registres. La poésie est présente de deux manières très fortes. Dans un premier temps, on la retrouve avec l'utilisation du merveilleux introduit dès le début de la pièce par la présence du magicien Alcandre et de ses pouvoirs stupéfiants. Dans un second temps, c'est l'utilisation du lyrisme qui donne à *L'Illusion comique* une coloration poétique, notamment lors de la tirade d'Isabelle qui croit que Clindor va être tué (v. 989-992). L'écriture de Corneille permet, grâce à différents effets stylistiques, de passer par tous les registres.

10 Les différentes mises en scène de l'illusion

La pièce de Corneille connaît tout d'abord un succès durant le XVIIe siècle et est fréquemment jouée jusqu'aux dernières années de ce siècle, puis oubliée au XVIIIe. En 1856, la Comédie-Française, en l'honneur des 250 ans de la naissance de Corneille, met à nouveau en scène *L'Illusion comique*, mais modifie radicalement le texte : le quatrième acte disparaît et, dans le cinquième, trois scènes empruntées à une autre pièce de Corneille, *Don Sanche d'Aragon* (1650), viennent remplacer les scènes de la tragédie jouée par Clindor. Cette transmutation permet de donner une fin pleinement heureuse à la pièce, puisque Clindor devient riche et Géronte l'accepte comme gendre. Dans cette version, il n'est plus question de jeux de miroirs ou d'apologie du théâtre, et la pièce perd de son intérêt. Elle est rejouée sous cette forme en 1862, 1869 et 1906 ; les spectateurs de l'époque appréciaient le faste de la mise en scène. C'est ce qui a plu aussi en 1937, alors que la pièce était jouée dans son intégralité, malgré la mésinterprétation du cinquième acte, dans lequel Pridamant sait dès le début que son fils joue. En 1965, le metteur en scène Georges Wilson redonne à la pièce tout son pouvoir d'illusion. En 1984, Giorgio Strehler jette les bases de l'interprétation actuelle de *L'Illusion comique* en mettant au premier plan Alcandre et ses pouvoirs, capables de manipuler l'esprit humain.

RÉSUMÉ

Dans l'acte I, on apprend que le roi d'Athènes et de Trézène, Thésée, a disparu. Son fils, Hippolyte, se décide à le rechercher. En même temps, Phèdre, femme de Thésée et belle-mère d'Hippolyte, est au plus mal ; sa nourrice, Œnone, la pousse à se confier à elle. Phèdre avoue son amour dévorant pour son beau-fils, Hippolyte, amour coupable autant que passionné. Œnone lui conseille de ne point culpabiliser, car si Thésée est mort, elle devra épouser Hippolyte afin d'être certaine que le trône lui revienne. En effet, Thésée disparu, Athènes doit trouver son nouveau roi, et trois prétendants au trône sont en course : le fils de Phèdre, Hippolyte et Aricie. Pour Phèdre, il est hors de question qu'Aricie s'empare du trône. Dans l'acte II, Thésée est devenu roi de Trézène. Il va voir Aricie, lui avoue son amour. Aricie, elle, a déjà confié à Ismène son amour pour Hippolyte. Phèdre convoque Hippolyte pour un entretien, au cours duquel elle lui avoue ses sentiments. Théramène, le gouverneur d'Hippolyte, lui apprend qu'Athènes a choisi Phèdre pour son trône, tandis que Thésée, finalement, serait peut-être encore en vie. Dans l'acte III, Thésée est revenu des Enfers, où il était prisonnier. Phèdre songe à l'exil, par peur que Thésée n'apprenne les révélations qu'elle a faites à Hippolyte. Elle avoue à son mari n'être plus digne de lui, mais ne lui en dit pas davantage. Thésée n'y comprend rien, tandis qu'Hippolyte veut dire à son père son amour pour Aricie. Dans l'acte IV, Œnone montre à Thésée l'épée d'Hippolyte, que lui a dérobée Phèdre deux actes plus tôt, comme preuve du crime d'Hippolyte à l'égard de Phèdre comme de Thésée. Phèdre est au désespoir de savoir Hippolyte forcé à l'exil par Thésée, devenu fou de rage. Mais lorsqu'elle apprend de la bouche de ce dernier l'amour que porte son bien-aimé à Aricie, elle est encore plus désespérée, ne voulant pas imaginer le bonheur des deux jeunes amants. Esseulée, désespérée, elle congédie Œnone, qu'elle accuse de tous ses malheurs, alors que sa nourrice a tenté de la convaincre que cet amour illégitime n'est pas criminel mais bien naturel au cœur humain. Dans le cinquième et dernier acte, Hippolyte a convaincu Aricie de le rejoindre dans son exil et de l'épouser dans un temple de Trézène. Alors qu'elle est sur le départ, Thésée lui affirme qu'Hippolyte aime Phèdre. Aricie prend la fuite, sans révéler à Thésée la nature exacte du malentendu. Œnone se suicide. Théramène, exilé aussi, accourt informer Thésée de la mort de son fils. Thésée, dans l'acte précédent, avait demandé à Neptune de le venger de son fils ; il veut revenir sur sa demande, mais Hippolyte est mort au terme d'une bataille épouvantable, où il a été traîné par des chevaux. Thésée veut s'exiler pour se punir. Phèdre lui avoue la vérité et s'empoisonne. Elle meurt. Thésée réhabilite son fils et fait d'Aricie, dans la dernière scène, sa fille.

Phèdre

Jean Racine 1677

Jean Racine (1639-1699) est né en Picardie, dans une famille d'origine modeste. Très jeune, il devient orphelin et est recueilli par sa grand-mère. Il est éduqué au couvent, où il apprend les lettres, le latin et le grec notamment, et étudie les auteurs classiques, tel Sophocle. À 20 ans à peine, Racine fréquente les milieux littéraires et commence une carrière d'homme de théâtre. Il rencontre La Fontaine, Nicolas Boileau ou encore Molière. En 1665, il connaît un premier grand succès avec sa pièce *Alexandre le Grand* ; succès confirmé par le triomphe qu'il reçoit deux ans plus tard pour *Andromaque*. Prolixe, il écrit plusieurs tragédies, qui lui valent la reconnaissance du roi en personne, comme *Britannicus* (1669), *Bérénice* (1670), *Iphigénie* (1674) ou *Phèdre* (1677), pour n'en citer que quelques-unes. En 1672, il entre à l'Académie française, au sommet de sa notoriété. À la cour, il devient historiographe officiel du roi, Louis XIV : il est chargé d'écrire l'histoire de son temps. Il écrit encore mais plus rarement (*Esther*, en 1689). S'il ne manqua pas d'être critiqué, notamment pour les libertés qu'il prit parfois avec l'Histoire dans ses pièces, Racine était reconnu comme un fin poète, maniant les mots, les alexandrins et leurs sonorités avec génie. Il n'écrit, parmi toutes ces tragédies, qu'une seule comédie, en 1668, *Les Plaideurs*. *Le Cantique de Jean Racine*, composé par Gabriel Fauré, vient d'un poème de l'auteur. Il a également traduit *Le Banquet*, de Platon.

① Phèdre avant (et pendant) Racine : du mythe grec au théâtre

Phèdre, avant d'être un personnage de théâtre, est d'abord un mythe grec. Elle est tenue pour être la fille de Minos et de Pasiphaé, elle-même une descendante de Zeus et du Soleil. C'est dire la noblesse du personnage. Avec Thésée, fils d'Aethra et d'Égée – on le dit parfois aussi fils de Poséidon –, qui a un fils par ailleurs d'Antiope, elle aura deux enfants, Acamas et Démophon. Ce mythe, grande source d'inspiration pour les tragédiens comme nombre d'autres mythes antiques, fut d'abord composé en tragédie par Sénèque, dont la pièce a aussi été appelée *Hippolyte*. Dans cette version, Thésée refuse, à la fin, les honneurs d'un enterrement décent à Phèdre, qui se tue à mains nues et non par empoisonnement ; Racine ne précise pas si Phèdre sera ou non enterrée. Par ailleurs, dans sa préface, Racine fait mention d'autres sources d'inspiration. Euripide, d'abord, qui, au Ve siècle avant Jésus-Christ, a préféré à Phèdre le nom d'Hippolyte pour titrer deux pièces, *Hippolyte voilé* et *Hippolyte porte-couronne*. Plutarque et Virgile ont aussi rendu vie à Phèdre par leur plume. Il faut noter qu'à la sortie de la tragédie de Racine, ses ennemis avaient fomenté une « contre-pièce » qui devait être jouée au même moment. C'est l'homme de théâtre Pradon, comme le rappelle Raymond Picard chez Gallimard, qui s'y attela. Seule la pièce de Racine passa à la postérité.

② La bienséance, élément du théâtre classique

Jean Racine était l'un des auteurs phares du classicisme dans le théâtre. Il y a, d'abord, une esthétique propre à ce courant classique, très présente dans la pièce, c'est-à-dire des règles d'écriture (Racine maniait les alexandrins à la perfection) créées pour ce type de pièces – de préférence tragiques, la comédie étant assez mal vue à l'époque. Boileau en avait établi certains principes, dont la notion suivante : *« Le secret est d'abord de plaire et toucher »*, que l'on retrouve dans la scène où Phèdre déclare son amour à Hippolyte. Le principe est que si le spectateur, ou le lecteur, est ému ou troublé par une œuvre, alors il sera en mesure d'en entendre et d'en retenir les enseignements. Dans la scène que nous avons citée, chacun peut effectivement se sentir troublé par cet amour d'une belle-mère pour son beau-fils, tout en retenant le message moral – si Phèdre est condamnée à mort par cet amour, c'est qu'il s'agit d'un « mauvais » amour. D'autre part, certaines règles dites de bienséance s'imposent à l'auteur classique – nous le verrons plus tard avec la mort de Phèdre – où tout est fait pour ne pas choquer le spectateur face à une mort atroce. C'est dans le même esprit qu'Œnone, la nourrice, endosse la responsabilité de la délation d'Hippolyte à Thésée ; ainsi, Phèdre reste « pure » même si sa passion la condamne : ce n'est pas directement elle qui a les mains sales.

③ Une pièce de la cruauté et de la monstruosité

La monstruosité tient une place centrale dans cette pièce : celle d'Œnone, par exemple, qui, par ses intrigues, pousse Phèdre plus avant dans le désespoir. Celle de Phèdre surtout, qui se voit comme telle : elle n'a de cesse de se réprimander, de se juger moralement monstrueuse, de voir le mal en elle et en cet amour qui la dévore. Cette monstruosité lui colle d'autant plus à la peau qu'elle ne peut s'en extraire. Au-delà de la place des « monstres » moraux, il y a dans cette pièce une mise en scène de la cruauté humaine. Il s'agit de mesurer, en fait, le rapport de force qui s'établit entre les personnages, fonction, donc, de la cruauté dont ils sont capables les uns envers les autres, mais aussi vis-à-vis d'eux-mêmes : bien sûr, il y a d'abord Thésée, le dominant. En faisant de Phèdre sa femme, il la réduit, la domestique. Face à son fils, il doit aussi s'affirmer comme supérieur. On pourrait convoquer la notion de volonté de puissance, concept exprimé par Nietzsche. Lorsque les autres le croient mort, alors la cruauté se déplace : à qui va revenir le pouvoir ? Chacun cherche à devenir le dominant. La tragédie, enfin, est par essence un genre cruel – intimement. Lorsqu'il revient, Thésée préside encore au destin de Phèdre et d'Hippolyte, car ses décisions, souvent aveuglées par une mauvaise information, scelleront leur sort ; ici encore, la cruauté du destin revient.

④ Thésée, ou la solitude du pouvoir

Dès le début de la pièce, Thésée est présenté comme un puissant, héroïque, mais isolé : c'est là, souvent, le sort de ceux qui règnent et possèdent le plus grand pouvoir. Plusieurs procédés littéraires concourent à donner ce sentiment d'isolement, de solitude : l'énumération (utilisation de « et » à maintes reprises dans la scène I de l'acte I), la distinction singulier (Thésée) / pluriel (les autres) dans la même scène. D'autre part, Thésée, roi, père et mari, et à ce titre triplement détenteur du pouvoir, est évoqué par des verbes d'autorité (« réprouver », « défendre »). C'est son absence qui permet à l'intrigue de se nouer, et cette absence, il tentera de la rattraper tout au long de la pièce, en cherchant à connaître la vérité ; une vérité qu'il ne pourra atteindre qu'après bien des événements tragiques. Par l'intrigue même, alors, Thésée est entouré d'une solitude, qui lui colle à la peau et préside à son destin. Enfin, pour régner, il est préférable d'impressionner : et c'est bien l'effet que Thésée fait, à son fils notamment, par l'évocation de ses nombreuses conquêtes amoureuses (Hélène, Ariane, Antiope – mère d'Hippolyte –, Péribée, Phèdre, enfin). Mais ces conquêtes le condamnent, finalement, elles aussi à la solitude, en ce qu'Antiope lui a donné le fils qui sera objet de conflit avec Phèdre, menant Thésée même à la rage et à la tristesse.

⑤ Phèdre, ou la passion dévorante

Le personnage de Phèdre est sans doute l'une des plus belles incarnations de la passion au théâtre. Il n'est pas étonnant, alors, que tant d'auteurs s'y soient frottés, à commencer par Sénèque. Passion, jalousie, désespoir : tel est le trio émotionnel qui frappe Phèdre, éperdue d'amour pour Hippolyte, un amour interdit, criminel, dit-elle. Racine exprime cette passion vécue par Phèdre par le biais des descriptions qu'elle fait et des images qu'elle transmet par le langage. Il y a, d'abord, la notion morale de « mal », qu'elle ne cesse de répéter – tout comme celle d'inceste, traditionnellement considérée comme un péché moral, dont elle use à tort et à travers, en ce qu'il ne s'agit pas réellement d'inceste : *« tourments », « mon mal », « incurable »*. L'amour est bien présenté comme une maladie, quelque chose dont on ne guérit pas – il s'agit d'une tragédie – et qui affecte jusque physiquement. Le fait qu'elle utilise, à la fin, du poison pour se donner la mort est également symboliquement fort ; cet amour, déjà, était son poison, sa perte. Rien, dans cet amour, dans cette passion, n'est positif : même le mot « flamme », qui pourrait réchauffer, est associé à la douleur et à la dévastation. La contradiction, ensuite, de certains de ses propos marque la force d'un amour vécu avec douleur. Cette passion est donc intimement liée à la douleur, au désespoir.

⑥ Enchaînement des vengeances

Il y a dans cette pièce tragique différentes formes de vengeance. Au commencement est celle des dieux, qui veulent punir Thésée d'avoir souhaité enlever Hélène, une amante, et le capturent à leur tour pour un passage aux Enfers. De cette première vengeance découlent toutes les autres, car elle permet à la parole de Phèdre de se libérer, lorsqu'elle admet son amour, interdit et immoral, pour son beau-fils Hippolyte. Sans cette vengeance initiale, pas d'intrigue. Chaque vengeance va ensuite s'enchaîner : d'abord Phèdre, par dépit amoureux, ou plutôt par aveuglement passionnel, va indirectement causer la mort d'Hippolyte ; c'est la nourrice, en voulant venir en aide à Phèdre, qui va divulguer de fausses informations à Thésée, provoquant sa colère et l'exil du fils – tué indirectement par son père qui aura quémandé une vengeance à Neptune. Ensuite, par rage, Phèdre causera la mort d'Œnone, qui se jette dans la mer. Enfin, Hippolyte, parce que sa mort et la révélation de la vérité causeront, non par vengeance mais pas enchaînement, la mort de Phèdre. Ces enchaînements s'imbriquent d'autant mieux que chacun se sert des autres comme moyens, surtout Œnone. Ce ne sont donc pas tant Phèdre, Œnone et Thésée qui provoquent la mort d'Hippolyte, mais c'est Phèdre elle-même qui se condamne. Au final, on notera que les dieux sont présents du début (Thésée capturé) à la fin (Neptune et Hippolyte).

7 Hippolyte, condamné dès le départ ?

On peut se demander, finalement, si Hippolyte n'est pas condamné dès le départ. Par son ascendance, d'abord : sa mère est une Amazone de passage ; il est rejeté, donc, par Phèdre, même si les vraies raisons de ce rejet ne sont connues que plus tard. Si Hippolyte est condamné d'avance, c'est aussi par son père, Thésée, qui, ayant connu de nombreuses conquêtes féminines, l'interdit tacitement à son fils ; en cela, il est castrateur et condamne Hippolyte à un rôle peu aisé à tenir. Son père est l'incarnation du pouvoir, et dès son retour des Enfers, alors qu'Hippolyte est supposé être devenu roi de Trézène, c'est sans vergogne que Thésée reprend le trône. Ensuite, sa belle-mère, Phèdre, le condamne par cet amour destructeur et interdit qu'elle éprouve pour lui, allant, du coup, jusqu'à vouloir l'éloigner d'Aricie, la femme qu'il aime. C'est la passion qu'elle cache qui le condamne ; en cédant le pouvoir à sa nourrice de décider quoi faire de l'épée qu'elle a volée à son beau-fils, Phèdre le condamne au bon-vouloir de l'intrigante, sachant les conséquences que cela pourrait avoir sur lui – son exil. À peine croit-il pouvoir échapper à cette condamnation en aimant Aricie, en planifiant de l'aider à accéder au trône d'Athènes, en la faisant fuir avec lui. Mais déjà, il est rattrapé par le temps – celui qui manque à son père pour interrompre la vengeance de Neptune.

8 Les trois fonctions de la parole

Dans cette version de *Phèdre*, on peut distinguer la mise en valeur et l'usage de trois types de parole. On notera que la parole délibérative, qui permet de trouver une solution à un problème, n'est pas présente – du moins, elle l'est faussement, chacun des confidents proposant des solutions toujours rejetées. La parole « simple » d'abord, qui sert à nourrir les dialogues normaux, à échanger. Lorsque Thésée revient de son séjour aux Enfers, il veut faire le point sur la situation, sur ce qui s'est déroulé, disons, pendant son absence. C'est une parole naturelle, qu'on pourrait qualifier de spontanée et dénuée de toute arrière-pensée. Il y a ensuite la parole, essentiellement utilisée par les confidents (Ismène et le gouvernement d'Hippolyte), qui permet aux personnages principaux d'accoucher des vérités. Ainsi, Théramène permet à Hippolyte d'affirmer qui il aime. Ismène, de la même façon, est le prétexte au fait qu'Aricie dévoile son amour pour Hippolyte. Même si Œnone intrigue pour influencer Phèdre vers une conquête du pouvoir, elle a également une parole qui fait fonction de « provocateur de révélation ». Il s'agit au final d'une parole intermédiaire. Enfin, le troisième et peut-être le plus important type de parole est celui de la culpabilité : c'est la parole de Phèdre, qui se condamne et interdit (l'amour d'Hippolyte pour Aricie), et celle de son beau-fils également.

9 Ismène et Œnone, deux confidentes aux rôles distincts

Œnone a un rôle particulier, car elle sert de « confidente active ». Ismène est également la confidente d'Aricie, mais elle tient un rôle moins important, en ce qu'elle ne sert finalement qu'à révéler au public l'amour qu'Aricie porte à Hippolyte. Ismène est un prétexte à la libération du sentiment, à l'évocation devant le public de cet amour ; mais elle ne fait guère avancer le drame. Au contraire, Œnone apporte à Phèdre ses conseils – le rôle de la nourrice est souvent d'écouter, au théâtre et dans les tragédies en particulier, mais rarement de conseiller d'aller vers ce qui n'est pas raisonnable (imagine-t-on la nourrice d'Antigone, par exemple, approuver sa décision d'enterrer son frère contre la volonté de son oncle ?). Ici, Œnone est donc intéressante car elle conseille à Phèdre d'assumer son amour pour son beau-fils, d'abord en la poussant à l'épouser alors que tout le monde croit Thésée mort, dans le cadre d'un enjeu de pouvoir – ce qui détonne avec son rang social –, ensuite, et sans cesse, en lui affirmant qu'elle n'est pas coupable de ses sentiments. Mais aucune des solutions proposées par sa confidente Œnone ne peut atteindre Phèdre : elle y est sourde, elle est murée dans son caractère tragique. Car, en conseillant à Phèdre d'entrer dans des considérations de pouvoir, Œnone ne lui propose rien d'autre que de vivre ; ce que refuse évidemment Phèdre, vouée à la mort.

10 Particularité de la mort de Phèdre

La mort d'Hippolyte, traîné derrière une horde de chevaux après avoir vaincu le monstre envoyé par Neptune, ou celle d'Œnone, qui s'est suicidée en se jetant dans les flots de la mer (l'eau est très présente), sont rapportées ; par Théramène, en ce qui concerne Hippolyte, qui revient horrifié de la scène qu'il a vue. La mort de Phèdre, au contraire, se déroule sur scène. Pour mettre en scène son suicide, il fallait donc à Racine trouver un moyen : le poison semblait idéal, d'autant qu'il permet à Phèdre de commenter le déroulement de sa mort (*« Déjà, je ne vois plus qu'à travers un nuage »*). Cette mort, c'est aussi l'aboutissement du destin tragique de Phèdre, qui, dès qu'elle a pris conscience de l'amour véritable que se portent Hippolyte et Aricie, se sait condamnée ; elle se condamne elle-même. Certes, elle n'avoue d'abord pas à Thésée les raisons qui la poussent à se déclarer indigne d'être sa femme, mais elle n'a de cesse de se torturer, de dire la douleur qui emplit tout son cœur de cet amour coupable, de la désolation qui afflige les traits de son visage. La mort, alors, est la seule issue ; elle est une suite logique. On notera néanmoins que Racine ne souhaite pas infliger au public la vue d'un corps qui convulse ou qui choquerait – ce qui se passe habituellement lorsqu'on prend du poison. Au contraire, la scène est presque poétique, par la beauté des vers.

RÉSUMÉ

Le premier acte de la pièce s'ouvre sur le valet Sganarelle dépeignant son maître, Dom Juan, comme un libre penseur, *« grand seigneur méchant homme »* et surtout *« épouseur à toutes mains »*. L'arrivée de Dom Juan, qui se confie à Sganarelle, éclaire cette formule. Dom Juan révèle son véritable caractère : il ne peut s'attacher à aucune femme en particulier, car ce qui lui plaît est la conquête amoureuse. Il avait enlevé Done Elvire du couvent où elle se trouvait pour l'épouser, mais il pense déjà à une autre femme. Elvire arrive et fait des reproches à Dom Juan, qui lui répond d'une manière cynique. Elle lui prédit la vengeance céleste.

Le deuxième acte met en scène Pierrot et Charlotte, deux paysans fiancés qui se parlent en patois au bord de la mer. Pierrot raconte qu'il a sauvé du naufrage un jeune seigneur magnifiquement vêtu, qui, une fois sauf, a tout de suite voulu conquérir une jeune paysanne du nom de Mathurine. Il s'agit évidemment de Dom Juan. Celui-ci arrive et, découvrant Charlotte, entreprend sa conquête en lui promettant de l'épouser, ce qui séduit la jeune femme qui rêve de devenir une noble dame. Pierrot s'interpose mais se fait frapper par Dom Juan. Il finit par s'éclipser alors qu'on le prévient que des hommes le cherchent.

L'acte III s'ouvre sur le maître et le valet qui ont échangé leurs habits. Dom Juan, en habit de campagne, profite du fait que Sganarelle soit en robe de médecin pour afficher son mépris pour la médecine et laisse entendre qu'il ne croit pas non plus au Ciel. Le valet tente de prouver l'existence de Dieu. Un pauvre homme leur indique le chemin vers la ville. Dom Juan lui propose un marché : s'il accepte de blasphémer, il lui donnera un louis d'or. L'homme refuse résolument. En entendant des cris, Dom Juan accourt et sauve un gentilhomme attaqué par des voleurs. C'est Dom Carlos, un des frères d'Elvire, qui était à la recherche du mari indigne de sa sœur. Il épargne Dom Juan parce qu'il lui a sauvé la vie. Ce dernier, apercevant dans la forêt le tombeau d'un Commandeur qu'il a tué, invite le mort à dîner. La statue accepte d'un signe de tête.

Le quatrième acte présente le dîner chez Dom Juan. Il reçoit tour à tour son père, qui lui reproche sa conduite, puis Done Elvire qui, décidée à retourner au couvent, lui demande de renoncer au vice, et enfin la statue du Commandeur qui l'invite en retour à dîner avec elle le lendemain.

Le dernier acte met en scène Dom Juan feignant, devant son père, d'avoir décidé de se convertir. Dom Carlos vient le prier de rester fidèle à sa sœur, mais Dom Juan déclare le mariage incompatible avec la vie sainte qu'il veut mener. Surgit alors la statue du Commandeur qui entraîne Dom Juan dans les profondeurs de la terre.

Dom Juan

Molière **1665**

De son vrai nom Jean-Baptiste Poquelin, Molière naît à Paris le 15 janvier 1622. Sa mère est une femme lettrée, ce qui est rare à l'époque, et son père est tapissier et valet de chambre du roi, ce qui représente un statut privilégié. Après des études secondaires au collège de Clermont tenu par les jésuites, il fait, à l'âge de 20 ans, des études de droit à Orléans. Il exerce quelque temps la fonction d'avocat au barreau de Paris puis le métier de tapissier après que son père lui a transmis sa charge. En 1643, attiré par le théâtre et s'étant lié à Madeleine Béjart, une comédienne de 25 ans, le jeune Jean-Baptiste abandonne son métier et devient comédien. La même année, il constitue avec la famille Béjart la troupe de l'Illustre-Théâtre dont il devient directeur, et prend le pseudonyme de Molière. Après treize années de tournée en province, la troupe revient à Paris en 1658 et joue une de ses farces devant le roi Louis XIV. Séduit, le roi installe la troupe dans la salle du Petit-Bourbon, où se joue notamment la pièce *Les Précieuses ridicules*, qui obtient un succès éclatant. En 1662, Molière épouse Armande Béjart et triomphe avec *L'École des femmes*. Malgré les critiques nombreuses à son encontre, Molière ne cesse d'écrire et de jouer des pièces. Parmi les plus célèbres, on peut citer *Le Tartuffe* (1664), *L'Avare* (1668), *Le Bourgeois gentilhomme* (1670). En février 1673, Molière présente *Le Malade imaginaire*. Pris d'un malaise, il meurt sur scène à l'âge de 51 ans.

① Le contexte de création

Dom Juan est une pièce qui ne prend toute sa signification que si on la replace dans son contexte politique et religieux, au début du règne de Louis XIV. En 1664, Molière vient de se voir interdire la représentation de la pièce *Tartuffe*, pour laquelle il est accusé d'impiété par les autorités religieuses. Les recettes de sa troupe sont compromises. Avec *Dom Juan*, écrit au cours de l'année, le dramaturge s'assure un succès éclatant en reprenant une histoire populaire. Jouée pour la première fois le 15 février 1665, la pièce exploite le thème en vogue du libertin impie puni de ses fautes. Molière le sait, lui qui a partagé la salle du Petit-Bourbon avec une troupe italienne ayant joué sans discontinuer entre 1653 et 1658 *Le Festin de pierre*, une pièce sur le même thème. Dans son écriture et sa mise en scène, le dramaturge français laisse une grande place au spectacle, investit dans les décors pour rendre la pièce attrayante. La moralité de l'œuvre ne plaît pas aux autorités religieuses. En effet, si Dom Juan, qui ne croit pas au Ciel, finit par être tué, il ne s'est pas converti pour autant, il ne reconnaît pas la toute-puissance de Dieu et ses péchés ne peuvent être expiés. Pour ces raisons, et malgré le succès de la pièce pendant les six semaines de sa représentation, *Dom Juan* ne sera plus jamais rejoué du vivant de Molière. Des pressions insistantes l'ont résolu à arrêter.

② Les origines du personnage de Dom Juan

Don Juan Tenorio est un personnage qui a réellement existé au XVIe siècle. Ce seigneur espagnol est connu pour avoir enlevé, déshonoré puis abandonné la fille du Commandeur Ulloa. Il tue ce dernier au cours d'un duel. Durant un voyage, Don Juan se serait retrouvé par hasard dans le couvent où est enterré le Commandeur. La nuit, un violent orage éclate et Tenorio disparaît. Les moines du couvent assurent qu'il a été frappé par la foudre, mais il semblerait plutôt qu'ils l'aient assassiné. En littérature, le personnage de Don Juan apparaît pour la première fois dans *Le Trompeur de Séville et le Convive de pierre*, une pièce du moine Tirso de Molina écrite en 1624. Le libertin y est un homme sans scrupules, qui use de tous les stratagèmes possibles pour conquérir les femmes. Accompagné de son valet, qui s'appelle alors Catalinon, Don Juan est censé représenter la dépravation d'une époque. Il meurt foudroyé par la statue du Commandeur : c'est un mauvais pécheur mais non un athée. Il le devient dans les tragi-comédies de Dorimond en 1658 et de Villiers en 1659, respectivement *Le Festin de pierre ou l'Athée foudroyé* et *Le Festin de pierre ou le Fils criminel*. Don Juan apparaît dans la première pièce pervers et dans la seconde cruel et froid, contrairement au spectacle de 1658 de Biancolelli, qui transpose la pièce dans la *commedia dell'arte*, où domine le comique.

③ Le maître : Dom Juan

Le personnage de Don Juan est d'abord un mythe populaire, celui d'un homme qui pourrait faire de « *carpe diem* » sa devise, jouissant du moment présent sans se préoccuper des contraintes sociales. Molière utilise ce mythe du libertin pour en faire le personnage principal de sa pièce : présent d'un bout à l'autre de la pièce, sa psychologie est approfondie et deux aspects principaux se dégagent de son étude. Dom Juan est, d'une part, un personnage qui manifeste la bravoure et la générosité qui caractérisent les gentilshommes de son rang : il vient au secours d'un homme attaqué (acte III scène 3), et ne donne-t-il finalement pas un louis d'or au Pauvre (acte III scène 2) ? D'autre part, Dom Juan reste un séducteur qui ne parvient à s'attacher à aucune femme. Pourvu d'un sentiment de supériorité hors du commun, ce *« grand seigneur méchant homme »* (acte I scène 1) méprise tous les autres personnages autour de lui, y compris son propre père, qu'il dupe parce qu'il a besoin de lui (acte V scène 1). Dom Juan se place au-dessus des lois morales qui régissent la société. Il veut dominer ses pairs par tous les moyens : si l'hypocrisie le caractérise, l'orgueil est le pivot de sa personnalité. C'est ce caractère orgueilleux qui le conduira à la mort : il périt en bravant la statue du Commandeur, puisqu'il refuse de se soumettre, même devant les forces surnaturelles et devant Dieu.

④ Le valet : Sganarelle

Sganarelle est le personnage comique de la pièce, volontiers caricatural, souvent ambigu. Il possède les caractéristiques communes du valet dans les pièces comiques et burlesques : peureux, enclin à faire des remontrances à son maître, il tient la place du bouffon aux côtés du seigneur Dom Juan, dont il dresse un portrait terrible dès l'ouverture de la pièce. Homme du peuple naïf, respectueux de l'ordre établi, il n'est d'aucune utilité à son maître, à part être son souffre-douleur et son confident (le maître et le valet sont réunis dans 26 scènes sur 27), et ses leçons de morale sont ignorées par Dom Juan. S'il observe et commente, Sganarelle n'intervient presque jamais pour aider son maître. Il possède un avis sur tout : au contact de son maître, beau parleur, il a acquis la prétention de savoir parler, voire philosopher. En ce sens, Sganarelle pourrait être une sorte de défenseur de la morale s'il ne se perdait dans ses causes qui sont, entre autres, les miracles de la médecine, la croyance au Moine bourru et l'existence de Dieu. En outre, il est plus sûrement fasciné par son maître que scandalisé par son comportement libertin. Dans la première scène de la pièce, quand Sganarelle fait l'apologie du tabac, il ne fait qu'imiter Dom Juan pour impressionner Gusman, le valet d'Elvire. Molière avait une préférence pour le personnage de Sganarelle, qu'il interprétait lui-même.

⑤ Le comique et le burlesque

Dom Juan est une comédie tragique, qui pourrait virer au drame sans certains éléments comiques à la dominance forte. Plusieurs types de comique existent dans la pièce. Molière se sert du comique de mots, notamment lors de la scène entre les deux paysans fiancés qui font rire en se parlant en patois (acte II scène 1) ; du comique de gestes, comme lors de la scène des gifles où Dom Juan donne des « soufflets » au pauvre paysan qui l'a sauvé du naufrage et à qui il veut voler la fiancée (acte II scène 3) ; du comique de situation, comme lorsque Dom Juan, par un stratagème de va-et-vient et un jeu d'apartés, fait croire à la fois à Mathurine et à Charlotte qu'il les aime toutes les deux ; du comique de caractère lorsque l'on découvre le beau parleur qu'est Dom Juan en train de complimenter Charlotte afin d'en faire la conquête (acte II scène 3). Le personnage de Sganarelle, en héritier du personnage du bouffon de la comédie espagnole, fait nombre de *lazzi* (plaisanteries et gestes burlesques) qui donnent à la pièce sa vivacité. Le burlesque est une forme de comique qui repose sur le décalage, le contraste. Le personnage du valet en est la représentation parfaite, comme lors de la scène d'ouverture où il imite Dom Juan pour parler du tabac, employant des mots qu'il ne comprend pas. La rupture entre l'attitude, le costume du valet et les mots savants qu'il utilise permet le burlesque.

⑥ Le baroque

Jules Lemaître, critique dramatique, écrit dans *Impressions de théâtre* (1898) que Dom Juan est *« une pièce unique dans le théâtre de Molière. [...] Elle est une macédoine incroyable de tous les genres »*. *Dom Juan* se distingue en effet des autres pièces de Molière par son caractère baroque. L'esthétique baroque s'oppose à l'esthétique classique pendant tout le XVIIe siècle, même si le classicisme domine le théâtre français. On peut qualifier *Dom Juan* de pièce baroque pour plusieurs raisons. Tout d'abord, les cinq règles du théâtre classique sont bafouées. En effet, ni l'unité de lieu, ni l'unité de temps, ni l'unité d'action, ni la bienséance qui interdit toute violence ou offense à la morale, ni la vraisemblance ne sont respectées. Contrairement au théâtre classique, qui prône la recherche de la vraisemblance, le théâtre baroque préfère l'illusion, la tromperie, le masque. Dans *Dom Juan*, il est difficile de cerner les personnages, toujours en mouvement, souvent déguisés. L'inconstance qui caractérise Dom Juan est un des grands thèmes du baroque. Pour lui, *« tout le plaisir de l'amour est dans le changement »* (acte I scène 2), ce qui rejoint l'esthétique baroque qui s'appuie sur l'excès, la pluralité, la contradiction. Enfin, l'apparition des êtres surnaturels que sont le Spectre et la statue du Commandeur concourt à donner à la pièce une atmosphère magique et mystérieuse.

⑦ Le libertinage

Le terme *libertin* trouve son étymologie dans le mot latin *libertinus*, qui signifie « esclave affranchi ». Deux acceptions sont aujourd'hui admises pour ce mot. La première, celle qui prévaut au XVIIe siècle, désigne un esprit fort et incrédule, libre penseur, qui ne suit pas les lois de la religion. La seconde acception du terme existait déjà à l'époque de Molière mais prévaut de nos jours. Elle caractérise le libertin comme un homme dévergondé, qui n'a pas une bonne conduite morale et qui s'adonne sans retenue aucune aux plaisirs charnels tout en conservant un raffinement intellectuel. Dom Juan est un noble, comme le montre sa particule, présenté comme *« un homme de qualité »* (acte I scène 1). Il a des actions glorieuses qui montrent qu'il respecte certaines valeurs de l'aristocratie, comme le code de l'honneur. Lors de la scène 2 de l'acte III, il n'hésite pas à secourir un homme attaqué par trois autres. Pourtant, Molière fait prendre à son personnage de grandes libertés avec les mœurs. Qualifié dans la scène d'ouverture d'*« épouseur à toutes mains »*, il n'a aucun scrupule à abandonner sa femme juste après le mariage ou à séduire la fiancée d'un autre. Ce libertinage que manifeste Dom Juan se traduit aussi en blasphème qui était, à l'époque, un acte de libertinage sanctionné par la loi. Malgré le fait que ses proches condamnent ce comportement, Dom Juan se joue des codes sociaux.

⑧ La religion dans *Dom Juan* : le défi à Dieu

La particularité du *Dom Juan* de Molière repose sur l'aspect religieux présent tout au long de la pièce. Dom Juan est un libertin, c'est-à-dire un libre penseur, qui remet en cause les principes qui régissent la société, comme le respect dû au père, le sacrement du mariage et, plus encore, l'existence de Dieu. Dom Juan évolue dans un monde uniquement sensoriel et parfaitement logique. Ainsi, il explique à Sganarelle qu'il ne croit ni à Dieu, ni à l'enfer, ni au diable, ni à une vie après la mort, et il expose sa seule croyance : *« Je crois que deux et deux sont quatre, Sganarelle, et que quatre et quatre sont huit »* (acte III scène 1). Plus loin, lors de la scène dite « du Pauvre » (acte III scène 2), Dom Juan rit méchamment des croyances d'un vieil ermite pieux. Il veut l'obliger à blasphémer pour tester sa foi, essayant de le corrompre avec une pièce d'or. Le Pauvre refuse et Dom Juan lui lance finalement l'or *« pour l'amour de l'humanité »* et non pas, comme il se doit, *« pour l'amour de Dieu »*. Et, de la même manière qu'il met au défi le Pauvre, Dom Juan provoque le Ciel, tout au long de la pièce, en invitant à dîner le Commandeur (acte III scène 5), en acceptant d'aller à son tour chez lui (acte IV scène 8), en lui donnant la main lorsque celui-ci le lui demande (acte V scène 6). Afin de prouver que Dieu n'existe pas, le personnage de Dom Juan ira jusqu'à la mort.

9 La satire des mœurs

Comme dans la plupart des pièces de Molière, le comique présent dans *Dom Juan* a un double objectif : divertir le public, mais aussi critiquer les mœurs de son temps, le XVIIe siècle. Au début de la pièce, c'est à Sganarelle de faire une critique humoristique des costumes luxueux de l'époque de Louis XIV, en évoquant *« la perruque blonde et bien frisée », « un habit bien doré, et des rubans couleur de feu »*, qui étaient à la mode à cette époque (acte I scène 2). En outre, le personnage de Dom Juan ne se contente pas de se moquer des principes moraux, il se moque lui aussi des us et coutumes de la société à l'époque de Molière. Ainsi, à la scène 1 de l'acte III, son valet, Sganarelle, déguisé en médecin, déclare : *« Mais savez-vous, Monsieur, que cet habit me met en considération, que je suis salué des gens que je rencontre »*, ce qui permet à Dom Juan de critiquer fortement le règne de l'apparence dans un premier temps, puis, dans un deuxième temps, le pouvoir des médecins, une profession qu'il méprise (*« Tout leur art est pure grimace »*). D'une manière générale, Dom Juan raille aussi l'esprit de l'époque, et surtout des nobles chez qui *« l'hypocrisie est un vice privilégié, qui, de sa main, ferme la bouche à tout le monde »* (acte V scène 2). Par le biais de son personnage, Molière fait ainsi allusion à l'interdiction de *Tartuffe* l'année précédant la mise en scène de *Dom Juan*.

10 Les différentes mises en scène

La mise en scène d'origine de la pièce, en 1665, est spectaculaire. Les décors somptueux et la machinerie complexe pensés par Molière emportent l'adhésion du public. En raison de pressions religieuses, la pièce n'est jouée que six semaines. Il faut attendre 1677 et l'adaptation en vers faite par Thomas Corneille, qui « corrige » une quarantaine de pages, pour voir *Dom Juan* repris, mais sans Molière, mort en 1673. Cette adaptation continuera à être jouée jusqu'à la fin du siècle. Le personnage de Dom Juan inspire bien d'autres œuvres, dont l'opéra de Mozart, mais la pièce de Molière tombe dans l'oubli jusqu'en 1841. La pièce de *Dom Juan* est jouée sur la scène de l'Odéon ; malheureusement, les différentes mises en scène au XIXe siècle ne s'intéressent qu'aux mœurs libertines et à la séduction du personnage principal. La critique s'en désintéresse. À partir des années 1940, la pièce est de plus en plus jouée. Le nombre et la diversité des mises en scène illustrent la complexité de l'œuvre. En 1943, Jean Vilar voit en Dom Juan un personnage luttant pour sa liberté en se dressant contre les codes de la société. En 1947, Louis Jouvet met en scène la pièce de manière lugubre, avec une dominance de noir et blanc, lui conférant un ton solennel. En 1979, Antoine Vitez dessine un Dom Juan narcissique, épris de lui-même.

RÉSUMÉ

En 1711, Usbek et Rica, deux grands seigneurs persans, quittent la capitale de la Perse, Ispahan, pour se rendre en France en passant par la Turquie et l'Italie. Ils entreprennent un voyage d'étude qui durera neuf ans pour s'instruire et « *chercher laborieusement la sagesse* ». Ils échangent des lettres fournies avec leurs amis et leurs parents restés en Perse, dans lesquelles ils font part de leurs découvertes mais demandent aussi des nouvelles de leur pays. Leurs correspondants les plus réguliers sont des amis, comme Rhédi, Ibben, Nargum, Mirza, Rustan, avec qui ils débattent de philosophie ; des clercs, comme Méhémet-Ali, avec qui ils évoquent la religion ; et les habitants du sérail, avec qui les échanges sont plus passionnés. En effet, Usbek étant le propriétaire d'un sérail important, il donne et reçoit aussi des nouvelles de ses eunuques et de cinq des femmes de son harem : Zachi, Zéphis, Fatmé, Zélis et Roxane. Le harem est un lieu interdit, extrêmement surveillé, où se trouvent les femmes appartenant à Usbek et où aucun autre homme non castré ne peut pénétrer sans risque de se faire tuer par les eunuques gardant le lieu.

Les vingt-trois premières lettres concernent le voyage des deux protagonistes jusqu'à Paris, qui dure treize mois. Usbek rédige quatorze de ces lettres, il en reçoit six, et trois lettres s'échangent entre d'autres personnages. Ces vingt-trois premières missives traitent du voyage, de morale, de religion, de politique, du sérail et contiennent surtout l'apologue des Troglodytes (lettres 11 à 14), un mythe écrit sur le ton du conte par Usbek pour faire l'apologie de la tendresse qui s'oppose aux emportements de la passion qui existent, par exemple, au sein du harem. La lettre 24 est la première lettre écrite par Rica, qui donne ses impressions sur Paris où sont enfin arrivés les deux Persans. S'ensuit une série de lettres qui fait la satire de l'Occident, et notamment de la politique française sur la période qui va de la fin du règne de Louis XIV à la Régence de Philippe d'Orléans. Jusqu'à la lettre 146, treize missives seulement concernent le sérail d'Usbek. Enfin, les quinze dernières lettres (de la lettre 147 à la lettre 161) forment un ensemble à part, comme un pendant aux vingt-trois premières lettres : comme au début du recueil, Rica est absent de ces échanges. Ces dernières lettres ont fonction d'épilogue, et mettent en scène le sérail et la tragédie qui s'y joue. En effet, le harem étant en désordre (il s'y passe « *des choses horribles* » selon la lettre 147), Usbek ordonne au chef des eunuques de punir sévèrement. Mais son message ne parvient pas à temps, et la mutinerie des épouses du Persan entraîne leurs meurtres dans le sang. Roxane, la préférée d'Usbek, se suicide par vengeance à la fin de la lettre qui clôt le roman sur le modèle du dénouement théâtral.

Lettres persanes

Montesquieu 1721

Charles-Louis de Secondat naît en 1689 dans le Bordelais, au sein d'une famille appartenant à la noblesse de robe. Son père, baron de Montesquieu, et sa mère, baronne de La Brède, l'envoient en région parisienne pour ses études. Il reçoit une très bonne éducation au collège oratorien de Juilly avant de poursuivre des études de droit à la capitale, où il se lie avec des intellectuels hétérodoxes. Rappelé à La Brède à la mort de son père en 1713, il épouse en 1715 une riche protestante. Licencié de droit, il hérite en 1716 d'une charge de conseiller au parlement de Bordeaux. Passionné par les sciences, il écrit plusieurs textes savants comme *La Cause de la pesanteur des corps* ou *Les Causes de l'écho* avant de s'orienter vers la littérature. En 1721, les *Lettres persanes*, d'abord publiées anonymement puis sous son nom, recueillent un grand succès. Il est élu à l'Académie française en 1728 et accomplit de longs voyages à travers l'Europe, notamment en Italie, en Allemagne et en Angleterre. De ces années d'enquête sur les manières de gouverner, il tire de quoi écrire les *Considérations sur les causes de la grandeur des Romains et de leur décadence* (1734). Montesquieu s'attache ensuite pendant plusieurs années à écrire *De l'esprit des lois*. Sa publication, en 1748, rencontre un succès considérable, mais aussi de vives critiques. Presque aveugle, Montesquieu continue à voyager, et participe aux débuts de *L'Encyclopédie* aux côtés de Diderot et de Voltaire. Il meurt en 1755.

① Le contexte de l'œuvre

Montesquieu fait paraître les *Lettres persanes* en 1721, à Amsterdam, comme un écrit anonyme dont il serait le simple traducteur. L'auteur veut faire croire à ses lecteurs que ces lettres ont véritablement été écrites par des Persans visitant la France, et ainsi éviter la censure. Mais le succès de ce roman épistolaire, qui intéresse autant qu'il choque par son impertinence, contraint Montesquieu à dévoiler assez rapidement et à demi-mot le subterfuge. Ce succès lui ouvre à Paris les portes de la Cour et des salons en même temps que cela donne une raison au cardinal Dubois de faire interdire le livre. Le titre et le sujet choisis par Montesquieu sont à l'époque à la mode. Le public français est très friand d'exotisme, particulièrement venant d'un Orient à la sensualité fantasmée. L'auteur innove en inversant le point de vue classique et en proposant un voyage de découverte à l'envers, pour permettre à son lecteur de réfléchir sur sa propre civilisation. Montesquieu s'appuie pour cela sur une documentation importante ; dès 1717, le jeune magistrat réfléchissait à la meilleure manière de faire passer ses idées sur la société et la politique par la littérature. Il republie les *Lettres persanes* en 1754 en ajoutant onze nouvelles lettres et une préface, dans laquelle il reconnaît officiellement être l'auteur des lettres et écrit avoir été, à cette occasion, l'inventeur du roman épistolaire.

② La composition et la structure des *Lettres persanes*

Malgré l'orientalisme à la mode à son époque, nourri notamment par *Les Mille et Une Nuits,* Montesquieu choisit les personnages des deux Persans pour le regard qu'ils offrent, un regard étranger et donc complètement neuf. C'est un procédé déjà utilisé par des auteurs comme Montaigne ou Marana, mais Montesquieu le complexifie avec la multiplicité des points de vue. En effet, les Persans sont au nombre de deux et ne voient pas les mêmes choses, même si chacun d'eux a comme caractéristique de porter sur la société occidentale un regard innocent, et qu'ils sont toujours prompts à s'émerveiller. Par ce procédé romanesque, Montesquieu préfigure la sociologie. En effet, un de ses objectifs d'écriture est de montrer que la compréhension des différentes sociétés doit se faire par le biais des sciences et non des croyances. Son projet sociologique implique une cohérence et une vraisemblance dans la totalité des 171 lettres du roman. Deux axes de lecture permettent d'harmoniser la lecture du texte qui peut paraître, au premier abord, désordonné : la chronologie qui structure l'œuvre en inscrivant les missives dans le temps, et le roman du sérail qui donne une unité de sens au texte qui se veut avant tout une critique du despotisme et de l'intolérance. La démarche d'écriture présume que le lecteur, attentif, reconstitue la cohérence du texte, d'apparence fractionné.

3 Un roman épistolaire

« *Mes* Lettres persanes *apprirent à faire des romans en lettres* », écrit Montesquieu dans *Mes pensées*, publiées après sa mort, en 1899. En 1754, trente-trois ans après la publication des *Lettres persanes*, il écrit *Quelques réflexions sur les Lettres persanes*, qu'il commence comme ceci : « *Rien n'a plu davantage dans les* Lettres persanes *que de trouver, sans y penser, une espèce de roman. On en voit le commencement, le progrès, la fin : les divers personnages sont placés dans une chaîne qui les lie.* » Le terme « roman épistolaire » est ambivalent parce qu'il place l'œuvre à la fois du côté de la fiction et du côté de l'authenticité. Montesquieu, avec les *Lettres persanes*, s'inscrit dans la tradition de l'écriture épistolaire qui lui préexistait et qui avait la faveur du public, habitué à ce genre avec la marquise de Sévigné, mais renouvelle le genre en combinant plusieurs registres : il introduit dans un texte idéologique et philosophique des éléments romanesques avec « le roman du sérail », qui met en scène des histoires passionnées. En inventant véritablement le roman épistolaire à la fois polyphonique dans le fond (il y aborde la politique, la morale) et polyphonique dans la forme (on y trouve un apologue, des portraits, un conte), où plusieurs voix se font entendre, Montesquieu préfigure des chefs-d'œuvre comme *La Nouvelle Héloïse* de Rousseau (1761).

4 La religion dans les *Lettres persanes*

La religion est un point central des *Lettres persanes*, puisque c'est un thème qui oppose franchement Orient et Occident. Dès le début du texte, trois lettres importantes traitent de religion. La fin de la lettre 15, écrite par le premier eunuque resté en Perse à l'eunuque qui a accompagné Usbek dans son voyage, est une diatribe contre la religion chétienne : « *Tu vas parcourir les pays habités par les chrétiens, qui n'ont jamais cru ; il est impossible que tu n'y contractes bien des souillures.* » La lettre 16, envoyée par Usbek à un religieux, le mollak Méhémet-Ali, contraste avec la lettre 15 en ce qu'elle est un véritable acte de foi, vite remplacé par des doutes qui habitent Usbek et qu'il décrit à Méhémet-Ali dans la lettre 17, sans avoir attendu de réponse de ce dernier. Elle vient enfin à la lettre 18. Le ton du mollak, impétueux, contraste vivement avec le ton emprunté par Usbek pour lui écrire. Méhémet-Ali qualifie Usbek de « *profane* » et semble mépriser le Persan, mettant en relief le fossé qui existe entre les religieux et les fidèles. Plus loin, la lettre 29, écrite par Rica, présente le pape, « *chef des chrétiens* », comme « *une vieille idole qu'on encense par habitude* », assoiffé de pouvoir et d'argent. Plusieurs lettres exposent les différences et les convergences du christianisme et du mahométisme, que ce soit au niveau des pratiques ou des théories.

⑤ La politique dans les *Lettres persanes*

La question de la politique est placée au cœur des *Lettres persanes* par Montesquieu, et plus précisément la question du gouvernement. Ainsi, il fait écrire au personnage d'Usbek, dans la lettre 80 : *« J'ai toujours recherché quel était le gouvernement le plus conforme à la raison. »* Les réflexions d'Usbek dans ses diverses lettres tendent à mettre en opposition le despotisme tel qu'il est représenté par les sultans persans, mais aussi, d'une autre manière, par Louis XIV, avec un régime politique modéré où la liberté de tous est possible et respectée. L'avantage d'un tel gouvernement « doux » est qu'il serait, selon la lettre 80, tout aussi efficace qu'un gouvernement despotique, et que les lois seraient même mieux respectées que sous la domination d'un despote. En effet, le despotisme offre le choix de se soumettre ou de se rebeller, tandis que la monarchie modérée permet la contestation du pouvoir. Pour Montesquieu, le meilleur régime politique existant se trouve être celui des Anglais, qui laisse le droit aux sujets de se révolter (lettre 84), mais son idéal réside dans l'autorité paternelle qui est *« la plus sacrée de toutes les magistratures »* (lettre 129). En outre, pour bien gouverner, Montesquieu expose qu'il faut laisser un certain nombre de libertés au peuple, et notamment la liberté de choisir sa religion (lettre 85), alors même que la France est catholique depuis 1685.

⑥ L'écriture de la satire

C'est la satire de l'Occident que fait Montesquieu dans les *Lettres persanes*, l'Orient n'étant pratiquement pas moqué, et plus précisément des mœurs caractéristiques de son propre pays, la France. Il prend en effet pour cible quelques individus, réels ou fictifs, mais surtout de nombreux types de personnes et d'institutions. Ainsi, sont moqués le roi Louis XIV vieillissant, le *« grand illusionniste »* (lettres 24, 37, 92), mais aussi le pape (lettres 24 et 29). Dans les lettres suivantes sont raillés des types de personnes, comme l'actrice (lettre 28), l'alchimiste (lettre 45), le fermier (lettre 48), les orgueilleux qui ne parlent que d'eux (lettre 50), les femmes coquettes (lettre 52), le grand seigneur (lettre 74), les Espagnols (lettre 78), et des institutions telles que les théâtres (lettre 28), les cafés (lettre 36), le mariage (lettre 55), l'Académie française (lettre 63), les journaux (lettre 108). Si autant de types ou d'institutions et très peu d'individus sont les cibles de la satire de Montesquieu, c'est que les individus ne l'intéressent pas pour deux raisons : d'une part parce que la satire personnelle était passible de censure, et d'autre part parce que l'écriture satirique représente pour lui le moyen de faire de la philosophie. Dans ce sens, le type est plus intéressant que l'individu. Il dit plus de choses sur les mœurs de la société qu'une personne isolée.

⑦ La philosophie

Le terme *philosophie* trouve son étymologie dans le mot grec composé de « aimer » et « sagesse », qui signifie l'amour du savoir. Dans les *Lettres persanes*, le voyage d'Usbek et Rica est présenté dès la première lettre comme une recherche noble et sérieuse : c'est *« l'envie de savoir »* qui les pousse à partir de Perse, *« pour aller chercher laborieusement la sagesse »*. Le personnage d'Usbek a tout du philosophe. En quête d'un idéal qui serait fondé sur la raison, il s'essaye pourtant au relativisme et n'hésite pas à remettre en question ses propres valeurs. Tolérant, c'est un esprit éclairé qui aime à débattre par lettres sur les sujets qui lui tiennent à cœur : la morale, la vertu, la justice et le bonheur. Certaines missives deviennent alors de véritables dissertations qui préfigurent, dans un sens, l'œuvre colossale de Montesquieu : *De l'esprit des lois* (1748). On peut distinguer deux fortes thématiques parmi ces lettres : la religion et la politique. Montesquieu utilise le romanesque, avec les anecdotes du voyage, le drame du sérail, pour donner à lire une forme d'essai philosophique. Plaire pour instruire, voilà l'ambition de Montesquieu, mais pas de n'importe quelle façon. Par un jeu de miroirs, chaque élément romanesque est mis en lumière par une réflexion philosophique, et inversement. Ainsi, le drame du sérail peut se lire comme une métaphore du despotisme.

⑧ L'érotisme et l'exotisme : le drame du sérail

Le roman du harem dégage une unité de sens au milieu de la profusion de lettres qui composent les *Lettres persanes*. Cette partie du roman est composée d'une quarantaine de lettres, peu nombreuses au début, puis presque inexistantes pendant tout le milieu du texte lorsque le personnage d'Usbek se livre à des observations sociologiques. Elles deviennent omniprésentes à la fin et dessinent le drame du sérail en donnant aux *Lettres persanes* leur tournure tragique. Le roman du harem répond à un certain désir du public de lire des passages sur l'exotisme de l'Orient et des mœurs persanes. Or, si Montesquieu cède à la description de plusieurs scènes libertines ou même sexuelles, c'est moins pour émoustiller le lecteur que pour aider à sa réflexion concernant le sérail et la tyrannie exercée par Usbek. Ainsi, les quinze dernières lettres, écrites à la manière du cinquième acte d'une tragédie, mettent en scène la mort des femmes d'Usbek sur ordre de celui-ci. Le roman du sérail est présent dans les *Lettres persanes* pour amuser le lecteur mais surtout pour l'inciter à réfléchir, éclairé par la lumière des missives philosophiques du roman, à la tyrannie qui se joue dans l'intimité, métaphore de la tyrannie qui se joue de manière publique, comme dans la royauté absolue qui tient en esclavage politique l'esprit des Lumières dans l'Europe du XVIIIe siècle.

9 L'écriture de Montesquieu

Si Jean-Jacques Rousseau conseille, dans une lettre à Moulton en 1762, la lecture des *Lettres persanes*, c'est parce qu'il considère que *« cette lecture est excellente à tout jeune homme qui écrit pour la première fois »*. Il faut dire que le style de Montesquieu est particulièrement vif dans ce roman épistolaire où il parvient à renouveler constamment la forme du texte, passant du portrait à l'essai philosophique, de la lettre amoureuse à la satire piquante : on veut véritablement parler d'écriture polymorphe tant les facettes du texte sont nombreuses. Usant de phrases courtes et de la juxtaposition, afin de mettre en scène la diversité du monde vu par les deux Persans, il excelle dans l'humour. En effet, nombre de pastiches et de parodies prennent place parmi les lettres envoyées par Usbek et Rica : Montesquieu imite à la perfection le style bucolique avec l'apologue des Troglodytes (lettres 11 à 13), l'imitation du conte persan avec l'histoire d'Ibrahim et d'Anaïs (lettre 141), le style mythologique (lettre 142), le style tragique avec les quinze dernières lettres relatant le drame du sérail. Employant l'ironie de manière combative pour appuyer ses satires, il excelle dans l'utilisation des antiphrases, des métaphores filées, des hyperboles et du style allusif, qui lui permettent d'écrire sans lasser le lecteur une moquerie méthodique des mœurs de la société de son temps.

10 L'idée de nature chez Montesquieu

La nature, au sens moral, est une notion essentielle de la pensée des Lumières, et qui se trouve au centre des *Lettres persanes*, où les mots « naturel » et « normal » rythment le texte. En effet, la satire de Montesquieu condamne une société du paraître, fondée sur les masques et les illusions, bien loin de l'être naturel. La nature est posée comme un idéal, une valeur universelle qui protège de l'intolérance et du fanatisme. Pour Montesquieu, il est primordial que l'homme prenne conscience de sa place, minuscule, face à la nature, et que seules la pensée et surtout les valeurs morales peuvent l'élever au-dessus de sa condition. Or cette idée de nature est ambiguë dans le roman. À la fois synonyme de la raison, puisque la nature est assimilée au bon sens, elle est aussi synonyme de démesure puisqu'elle englobe l'ensemble des passions qui régissent l'âme et le corps, la force du désir. C'est pourquoi l'on peut dire que la nature humaine est doublement victorieuse à la fin des *Lettres persanes*. Roxane se suicide après avoir écrit à Usbek : *« J'ai pu vivre dans la servitude mais j'ai toujours été libre : j'ai réformé tes lois sur celles de la nature »* (lettre 161). Son suicide est une forme de retour à la liberté naturelle brisant les lois artificielles mises en place par Usbek, et, d'un autre côté, elle suit aussi finalement la loi du désir.

RÉSUMÉ

Iphicrate, un jeune aristocrate, et Arlequin, son esclave, ont échoué sur une île et sont apparemment les seuls survivants du naufrage. L'île sur laquelle ils se trouvent abrite d'anciens esclaves grecs qui ont échappé aux mauvais traitements de leurs maîtres. Arlequin comprend que la législation de l'île lui offre la possibilité de retrouver sa liberté, et il profite de la situation pour décider de ne plus être l'esclave d'Iphicrate : il refuse de lui obéir, et se met à le tutoyer. Iphicrate, furieux de voir son esclave se comporter en homme libre, veut le tuer à coups d'épée. Arrive alors Trivelin, le gouverneur de l'île des esclaves, chargé de faire respecter les lois de l'île, accompagné de deux autres naufragées : Euphrosine, une aristocrate, et Cléanthis, son esclave. Trivelin empêche Iphicrate de tuer Arlequin, et explique aux quatre jeunes gens la loi de l'île : si un maître et un esclave arrivent sur l'île, ils doivent échanger leurs conditions. Ce « cours d'humanité » est mis en pratique sur-le-champ : les serviteurs échangent leurs noms et leurs habits avec les aristocrates. Cléanthis, en parlant avec Trivelin, laisse percevoir le ressentiment qu'elle a vis-à-vis d'Euphrosine. Trivelin demande alors à Cléanthis de faire le portrait de son ancienne maîtresse pour que cette dernière comprenne quels ont été ses torts. Cléanthis dépeint Euphrosine comme une femme coquette, frivole et ridicule. Euphrosine reconnaît que son portrait, bien qu'accablant, correspond à son comportement. Arlequin, de son côté, dresse un portrait grotesque de son ancien maître, Iphicrate. Ce dernier en reconnaît la justesse après quelques réticences. Trivelin parti, Arlequin et Cléanthis, les nouveaux maîtres, jouent l'amour avec le langage de leurs maîtres et les codes de la courtoisie galante. Ils se décident alors à courtiser chacun l'ancien maître de l'autre. Arlequin entreprend de séduire Euphrosine, devenue la servante de Cléanthis. Mais Euphrosine, désespérée par la situation, parvient à faire compatir Arlequin qui, ébranlé par la douleur de la jeune femme, reste coi. Arlequin demande alors à Iphicrate de séduire Cléanthis, déguisée en Euphrosine. Devant les plaintes d'Iphicrate, Arlequin reproche à son ancien maître le comportement qu'il avait lorsqu'ils étaient à Athènes. Iphicrate reconnaît ses torts et promet de devenir meilleur. Arlequin rend son habit de maître à Iphicrate et redevient esclave. Cléanthis, en voyant cela, est d'abord indignée puis fait de même avec Euphrosine, qui l'embrasse. Trivelin revient et découvre Cléanthis et Arlequin, redevenus esclaves, agenouillés devant leurs maîtres, Euphrosine et Iphicrate. Trivelin n'est pas étonné, c'était la situation qu'il attendait : les maîtres sont guéris et sont devenus plus humains, les serviteurs ont appris l'importance du pardon. Les quatre jeunes gens peuvent repartir à Athènes.

L'Île des esclaves

Marivaux **1725**

Pierre Carlet de Chamblain de Marivaux est né à Paris en février 1688 dans une famille de petite noblesse. Son père est directeur de la Monnaie royale et, en raison de son métier, la famille déménage d'abord à Riom puis à Limoges. Après avoir été l'élève des Oratoriens, il poursuit des études de droit à Paris à l'âge de 22 ans. Parallèlement à ses études, le jeune Marivaux fréquente avec assiduité les salons parisiens, et notamment celui de la marquise de Lambert, connu pour être le temple du bon goût. Ses nouvelles relations aiguisent son sens de l'observation sociale et l'inspirent pour enrichir les chroniques qu'il écrit dans *Le Nouveau Mercure* jusqu'en 1719, puis dans le journal qu'il a créé, *Le Spectateur français*, de 1720 à 1724. Il abandonne peu à peu ses études de droit au profit de la littérature. Il s'essaie à différents genres, comme la poésie burlesque, le roman parodique, ou encore il réécrit les grands classiques du théâtre (*Le Télémaque travesti* en 1714, *L'Iliade en vers burlesques* en 1716). C'est en 1720 qu'il connaît son premier vrai succès avec la pièce *Arlequin poli par l'amour*. Après des comédies où il invente le marivaudage (*La Surprise de l'amour* en 1722, *La Double Inconstance* en 1723), il écrit des comédies philosophiques, comme *L'Île des esclaves* en 1725. Il écrit pendant quinze ans un roman qui sera inachevé : *La Vie de Marianne*. En 1733, Marivaux devient proche de Claudine de Tencin qui le fait élire contre Voltaire à l'Académie française en 1742. Il meurt en 1763.

① La structure de la pièce

L'Île des esclaves est une pièce très courte, construite en un acte sur une structure circulaire. La pièce s'ouvre sur une scène d'exposition qui est une situation bouleversée : les personnages qui entrent en scène sont les seuls rescapés d'un naufrage. Le spectateur apprend tout de suite que l'île est le lieu de tous les changements, et que les personnages d'Arlequin et d'Iphicrate vont changer de vie sous ses yeux. Puis Trivelin entre en scène et la pièce se construit sur des épreuves que subissent les personnages : il s'agit dans un premier temps d'épreuves imposées par le gouverneur puis d'épreuves choisies par les naufragés laissés seuls. Trivelin réapparaît à la fin de la pièce pour constater le changement de comportement des maîtres. Les esclaves ont appris à pardonner et, d'eux-mêmes, décident de reprendre leurs habits et de retrouver leurs rôles de serviteurs. La pièce a donc une structure de boucle puisque la situation finale correspond à la situation initiale, et l'ordre social est finalement revenu à la normale. Or, cette circularité n'est qu'apparence formelle : au niveau du fond, les choses ont changé. Les maîtres sont devenus humains, et les esclaves, en décidant eux-mêmes d'échanger les rôles à nouveau, ont éprouvé pour la première fois leur nouvelle liberté. La pièce se termine donc sur un nouveau changement de situation qui signifie que rien n'est figé.

② Les personnages masculins

Les personnages de la pièce sont au nombre de cinq, et trois sont des hommes : Iphicrate, Arlequin et Trivelin. Iphicrate a un nom qui révèle son identité : les termes *iphis* et *crate* qui composent son nom signifient respectivement la force et le pouvoir en grec. Étymologiquement, Iphicrate est celui qui règne par la force, et dès la première scène, celui-ci est prêt à tuer son esclave à coups d'épée. Arlequin est un personnage issu de la *commedia dell'arte*, où il représente traditionnellement un valet burlesque et insolent. Dans la scène 1, il apparaît avec une bouteille de vin à la ceinture et se met aussitôt à chanter : il est paresseux et drôle. En devenant maître à son tour, il reste impertinent et plaisant : pour lui, le pouvoir qu'il a enfin gagné n'est qu'un jeu qui ne l'emballe pas particulièrement. Marivaux en a fait un personnage d'amoureux dans *Arlequin poli par l'amour* (1720) et *La Double Inconstance* (1723). Dans *L'Île des esclaves*, c'est le bouffon de la pièce. Enfin, Trivelin, le personnage de gouverneur, est aussi un personnage issu de la comédie italienne : il représente le valet sournois et roublard, et Marivaux l'utilise de cette manière traditionnelle dans ses pièces *La Double Inconstance* ou *La Fausse Suivante* (1724). Or, dans *L'Île des esclaves*, il prend un nouveau statut. Il n'a plus de maître. Il est devenu un homme libre et respecté de tous.

③ Les personnages féminins

Les deux personnages féminins forment un couple puisque Cléanthis est la suivante d'Euphrosine, une jeune aristocrate. Cléanthis a un nom composé des termes *kléos* et *anthos*, qui signifient la gloire et la fleur. Cette étymologie permet de donner une bonne opinion du personnage en le présentant d'emblée d'une manière favorable. Le personnage d'une servante appelée Cléanthis a déjà été utilisé par Molière dans sa pièce *Amphitryon* (1668). Clin d'œil de la part de Marivaux, les deux personnages se ressemblent par leur manière de s'exprimer. Dans *L'Île des esclaves*, Cléanthis est intraitable et vindicative : ce sont son audace et sa véhémence qui obligent sa maîtresse à changer. Euphrosine a un prénom qui signifie « emplie de joie ». Le portrait que brosse d'elle son esclave Cléanthis est sans appel : Euphrosine est une coquette narcissique qui aime minauder, et pour qui les jeux de l'amour et de la séduction sont les principales occupations de sa vie de femme orgueilleuse. Lorsqu'elle change d'identité avec Cléanthis, Euphrosine est désemparée. Son désespoir donne une seconde lecture, ironique, à son nom : elle n'est plus « emplie de joie » mais, au contraire, malheureuse et amère. Le personnage de Cléanthis est indispensable au personnage d'Euphrosine : c'est Cléanthis qui lui permet de corriger ses fautes en faisant de sa maîtresse un portrait accablant et impétueux à la scène 3.

④ Les rapports entre maîtres et valets

Dans l'œuvre de Marivaux, *L'Île des esclaves* est la première pièce qui ne traite pas du thème de l'amour. En effet, le dramaturge met en avant une critique sociale et morale qui passe avant tout par une réflexion sur les inégalités de la société. La pièce s'ouvre sur une inversion des rôles : les esclaves deviennent des maîtres et les maîtres des esclaves. Ce procédé permet de montrer que la hiérarchie sur laquelle est fondée la société est arbitraire et ne repose sur rien de concret. Trivelin, en soumettant les personnages à cette épreuve, montre que tout peut évoluer et changer : après tout, si Euphrosine et Iphicrate sont des maîtres, ce n'est pas en raison de qualités supérieures, mais parce qu'ils sont nés dans des familles aisées. C'est le hasard qui régit la vie sociale. Marivaux utilise *L'Île des esclaves* pour dénoncer les comportements abusifs des maîtres envers leurs esclaves, mais d'une manière habile, afin d'éviter la censure. En effet, même s'il a l'intention d'évoquer les rapports entre maîtres et valets de l'Ancien Régime, il place sa pièce dans un contexte antique qui le rend irréprochable. Il dénonce non seulement la maltraitance physique, mais aussi la brutalité morale et le mépris des maîtres. Lorsque Iphicrate et Euphrosine deviennent esclaves, ils ne parlent pas entre eux, ne tombent pas amoureux : cette relation montre que l'esclavage prive les gens de bonheur.

⑤ L'île, construction utopique

Le titre de la pièce propose d'emblée une référence spatiale : l'île. Dès la première scène, des échanges entre les personnages permettent de situer à peu près ce lieu inconnu : Iphicrate et Arlequin parlent d'Athènes, ce qui permet de situer l'action en Grèce. Trivelin corrobore cette première impression en expliquant que l'île est habitée par d'anciens esclaves grecs. Les personnages n'ont pas la même réaction en arrivant sur l'île. Iphicrate et Euphrosine regrettent leur pays alors que Cléanthis et Arlequin ne souhaitent en aucun cas retourner à Athènes, qui, par sa nature négative, permet de mettre en valeur l'île inventée par Marivaux. Les personnages ne perçoivent pas l'île de la même manière : là où Arlequin et Cléanthis voient une occasion de changer de vie, Euphrosine et Iphicrate sont au désespoir. Il est impossible de s'échapper de l'île : c'est un lieu d'épreuves dont on ne peut pas partir. Or, ce n'est pas pour autant un lieu hostile. C'est un lieu de réconciliation où les maîtres peuvent guérir de leurs maux et devenir plus humains. L'île n'est pas située dans l'espace, et, en cela, elle est utopique. *Utopie* est un mot qui est formé par les termes grecs *ou* (non) et *topos* (lieu). Cette invention est un espace de liberté pour les esclaves mais aussi pour Marivaux qui peut ainsi, en se servant d'un lieu qui n'existe pas, contourner la censure.

⑥ Les différentes formes de comique et leur portée dans *L'Île des esclaves*

Le comique de la pièce se manifeste sous différentes formes. Le comique de situation est produit par la situation dans laquelle se trouve un personnage. Dans *L'Île des esclaves*, l'échange des rôles entre les valets et les maîtres permet un comique de situation important. Les maîtres, habillés en esclaves, perdent de leur superbe et deviennent ridicules. Les portraits des aristocrates brossés par leurs esclaves tournent en dérision les comportements de ces derniers. Le comique de geste est produit par le jeu d'acteur indiqué par les didascalies. Arlequin est celui qui prend le plus en charge cette forme de comique : selon les indications de Marivaux, il rit, danse, saute de joie, chante… faisant rire par sa bouffonnerie. Le comique de mots est produit par les paroles. Ici, ce sont Arlequin et Cléanthis qui le prennent en charge, puisqu'en arrivant sur l'île, ils reprennent enfin le droit à la parole. Cléanthis, lors de la scène 3, utilise les mots pour railler le ridicule de son ancienne maîtresse. Les dialogues brefs, parsemés de stichomythies, s'apparentent à des joutes verbales qui ont souvent un effet cocasse. Le comique a une fonction de distraction : il s'agit de divertir le public. Mais Marivaux honore aussi la formule latine *castigat ridendo mores* (« La comédie corrige les mœurs par le rire »). Le rire permet de dénoncer les comportements des aristocrates.

7 Les thèmes abordés par *L'Île des esclaves*

L'Île des esclaves permet à Marivaux d'aborder un certain nombre de thèmes qui forment une critique sociale mordante. Dans la scène 3, le personnage de Cléanthis décrit son ancienne maîtresse, Euphrosine, et met en avant son envie de plaire. C'est l'occasion pour Marivaux d'aborder le thème de la coquetterie. Euphrosine, qui porte le prénom d'une des trois Grâces, les déesses grecques qui représentent la beauté, est, selon son esclave, une femme pour qui les apparences sont plus importantes que le reste. Cléanthis raconte comment sa maîtresse, narcissique, passe ses journées devant son miroir ou à minauder devant ceux à qui elle cherche à plaire. Marivaux analyse que la coquetterie, bien que blâmable, est due à la comédie humaine qu'impose le monde aristocratique. Par ce biais, Marivaux introduit le thème de l'amour-propre qui est central dans *L'Île des esclaves*. Dans la scène 2, Trivelin explique que l'amour-propre est ressenti par les maîtres en raison de la vie sociale qu'ils mènent. Le pouvoir et les flatteries rendent orgueilleux et imbu de soi-même. Marivaux aborde aussi les thèmes de la violence des maîtres et du ressentiment des esclaves. Pour lui, la domination d'un homme sur un autre est un abus qui doit être condamné. Les esclaves, longtemps brimés, doivent surmonter leur ressentiment pour pardonner à leurs maîtres et accéder à la vertu et à l'altruisme.

8 L'importance du langage

Le « cours d'humanité » que Trivelin veut faire suivre aux quatre naufragés se fait en plusieurs étapes. Une de ces étapes consiste à faire oublier à Iphicrate et Euphrosine, les deux aristocrates, la « langue d'Athènes » qui est celle des maîtres et qui représente donc le pouvoir. La langue des maîtres est injurieuse et elle rabaisse. Dès les premières scènes de la pièce, on apprend qu'Arlequin se faisait parfois appeler *« hé »* et que Cléanthis subissait des injures comme *« sotte, ridicule, bête »* (scène 3). Mais les maîtres savent très bien utiliser le langage pour flatter et adoucir les esclaves afin d'obtenir d'eux ce qu'ils veulent. Entre aristocrates, la « langue d'Athènes » est superficielle et ne fait jamais part des vrais sentiments. C'est ce que nous montre la scène d'amour que jouent Arlequin et Cléanthis : leurs mots sonnent tout aussi faux que lorsque ceux qu'ils imitent, leurs maîtres, les prononçaient. Le désir de Trivelin est d'éradiquer complètement ce langage. Il pense que, sans cela, les maîtres ne pourront pas devenir *« humains, raisonnables et généreux »*. Il cherche à ce que Cléanthis et Iphicrate trouvent un autre moyen de s'exprimer, et, petit à petit, les naufragés vont apprendre à parler le langage des vrais sentiments. Le changement dans le langage permet à Marivaux de souligner la transformation des personnages, qui deviennent meilleurs à la fin de la pièce.

9 Une réflexion sur le théâtre

L'Île des esclaves est une pièce dont la situation initiale est une situation théâtrale. En effet, le personnage de Trivelin, gouverneur de l'île, représente symboliquement le metteur en scène. Dans un premier temps, il distribue les rôles, en échangeant ceux des maîtres et des esclaves. Puis, dans un second temps, il se fait directeur d'acteurs lors de l'épreuve des portraits : il demande à Cléanthis de faire part du comportement d'Euphrosine, il la modère lorsqu'elle s'emporte, puis lui demande de quitter la scène. À la fin de la pièce, Trivelin revient parmi les personnages pour tirer les conclusions de l'expérience qu'il leur a fait vivre. En changeant de vêtements et de rôles, les quatre naufragés ne changent pas seulement d'identité sociale mais deviennent, sous le regard des spectateurs, des comédiens qui se mettent en habit. De plus, la scène d'amour jouée par Arlequin et Cléanthis à la manière d'une saynète mise en abyme dans la pièce permet de faire réfléchir le spectateur sur l'idée de comédien et de briser l'illusion théâtrale en montrant que chacun peut jouer la comédie. Enfin, deux conceptions du théâtre se font face dans *L'Île des esclaves*. D'une part, la *commedia dell'arte*, représentée par Arlequin, est un théâtre spontané et vif. D'autre part, le personnage de Cléanthis évoque le théâtre de Molière, qui est plus littéraire, et notamment les comédies de mœurs.

10 La portée critique de *L'Île des esclaves*

Si Marivaux fait part, dans *L'Île des esclaves*, de sa réflexion sur l'inégalité et dénonce l'asservissement de l'homme par l'homme, il a moins le désir de remettre en cause l'ordre tel qu'il existe que de chercher à changer les comportements des hommes. Dans cette optique, il ne valorise jamais Arlequin et Cléanthis. Il ne présente pas les esclaves comme des hommes bons face aux maîtres qui seraient mauvais. Aussi, il ne souhaite pas renverser les valeurs de la société dans laquelle il vit, mais plutôt rendre les hommes plus généreux, plus fraternels et plus pacifiques. En effet, à la fin de la pièce, les personnages reprennent finalement la place et le rôle qu'ils avaient au début. Or, les quatre naufragés ont changé, tout n'est pas exactement comme avant puisque leurs consciences ont été éveillées. La portée de *L'Île des esclaves* est, dans ce sens, bien plus morale que politique. Selon Marivaux, le changement moral ne peut avoir lieu que si les hommes sont prêts à lever les masques qu'ils portent lorsqu'ils sont en société. *L'Île des esclaves* repose sur l'idée du travestissement : finalement, les naufragés ne sont jamais eux-mêmes. Marivaux dénonce la comédie humaine, notamment avec le portrait qu'il dresse d'Euphrosine, qui n'est jamais réellement sincère et qui ne montre jamais ses vrais sentiments. Marivaux reprend à son compte l'idée selon laquelle la vie est un théâtre.

RÉSUMÉ

Candide est un jeune homme qui vit au château de Thunder-ten-tronckh, aux côtés du baron et de la baronne, leur fils, leur fille Cunégonde et le précepteur Pangloss, maître philosophe persuadé qu'il vit dans le meilleur des mondes possibles. Cunégonde, fortement amoureuse de Candide, veut imiter avec lui une scène d'amour qu'elle avait surprise entre Pangloss et Paquette, une servante. Le baron les découvre et chasse Candide de la baronnie. C'est le début d'une longue série d'aventures pour le jeune garçon. Tout d'abord enrôlé de force par des soldats bulgares, il est fouetté pour s'être éloigné, avant d'assister à la guerre entre les Bulgares et les Arabes. Il s'enfuit en Hollande où Jacques, un anabaptiste, le recueille. Il retrouve alors son maître Pangloss, vieux et atteint de vérole, qui lui apprend le viol et la mort de Cunégonde. Les trois hommes partent à Lisbonne, mais en chemin Jacques meurt noyé dans une tempête effroyable. La ville est secouée par un tremblement de terre hors du commun. Candide et Pangloss subissent un autodafé au cours duquel Pangloss est pendu. Candide rencontre une vieille femme qui l'emmène dans une maison où vit Cunégonde, qui avait en fait échappé à la guerre. Elle est maintenant la maîtresse de deux hommes que Candide tue avant de s'enfuir avec Cunégonde et « la vieille ». En allant en direction de Cadix, ils sont volés et arrivent sans possession en Espagne. Enrôlé sur un bateau à destination du Paraguay, Candide abandonne Cunégonde à Buenos Aires. Il se retrouve seul avec son valet Cacambo aux côtés de qui il découvre l'Eldorado, un pays aux richesses incroyables, où ils vivent très heureux. Selon Candide, c'est « le pays où tout va bien ». Il se décide à repartir au bout d'un mois, muni de richesses en grand nombre, parce que Cunégonde lui manque. Le roi de l'Eldorado fait construire une machine qui leur permet de s'élever au-dessus des montagnes. Mais tous les moutons rouges qui portaient les richesses de l'Eldorado meurent, sauf deux. Candide envoie Cacambo racheter Cunégonde à un gouverneur et lui donne rendez-vous à Venise. De son côté, il rencontre Vanderdendur, un marchand hollandais et son nègre : il découvre l'exploitation de l'homme par l'homme. Vanderdendur le vole. Candide prend un bateau pour l'Europe avec Martin, un nouveau compagnon. À Venise, il retrouve Cacambo mais pas Cunégonde, qui est devenue esclave à Constantinople. Sur le navire qui l'emmène chercher sa dulcinée, Candide retrouve Pangloss et le frère de Cunégonde, qui ont tous deux réchappé de la mort et sont devenus des forçats. Candide les rachète et, arrivé à Constantinople, rachète la vieille et Cunégonde. Le jeune homme, ayant beaucoup appris de la vie, achète une métairie où il s'installe avec Cunégonde qu'il a épousée, la vieille, Pangloss, Martin, Cacambo, Paquette et Giroflée, son amant, et où ils vivent en bonne harmonie.

Candide

Voltaire **1759**

Voltaire, de son vrai nom François-Marie Arouet, naît en 1694 dans une famille de la bourgeoisie parisienne. Après quelques années passées à Louis-le-Grand, où les jésuites enseignent le latin, mais aussi la rhétorique, la versification, le théâtre, il poursuit des études de droit sous l'influence de son père mais désire devenir homme de lettres. Sous la Régence, âgé d'une vingtaine d'années, il est très apprécié de la haute société où il brille par son esprit amusant. À 23 ans, il est arrêté et envoyé à la Bastille par le Régent dont il s'est moqué publiquement. L'année suivante, il connaît un premier grand succès avec une pièce de théâtre, *Œdipe*, jouée près de cinquante fois, et il prend le pseudonyme de Voltaire. En 1723, c'est un poème épique, *La Henriade*, qui est reçu avec triomphe. Il est exilé en Angleterre après une querelle avec le chevalier de Rohan. Là-bas, il découvre le libéralisme anglais dont il fait l'éloge en rentrant en France dans les *Lettres philosophiques* (1734), qui seront saisies par le Parlement et brûlées. Il se réfugie chez sa maîtresse, la marquise Émilie du Châtelet, chez qui il vit pendant plus de dix ans, écrivant des œuvres historiques et philosophiques.
En 1747, il est élu à l'Académie et publie clandestinement *Zadig*, un conte philosophique. Après la mort d'Émilie, il part vivre à la cour du roi Frédéric II de Prusse puis à Ferney, de 1754 à 1778, où il se lance dans des affaires judiciaires comme l'affaire Calas. Il meurt à Paris à l'âge de 84 ans.

① Un conte philosophique

Candide a tous les aspects du conte traditionnel, mais Voltaire crée une nouvelle forme littéraire en y ajoutant des éléments philosophiques. La définition du conte donnée par l'*Encyclopédie* de 1754, à laquelle a participé Voltaire, déclare que l'objectif du conte *« est moins d'instruire que d'amuser »*. Le genre, avant le XIXe siècle, n'a pas de définition précise et prend des formes diverses. Ainsi, *Candide* imite à la fois le conte oriental, le roman picaresque et le roman libertin, qui provient lui-même du conte satirique médiéval. Si *Candide* amuse donc par la diversité de sa forme narrative, il n'en reste pas moins que Voltaire a innové en ajoutant des réflexions érudites à la fiction amusante. Aussi, la philosophie est présente dès le titre de l'œuvre : *Candide ou l'Optimisme* annonce la présence d'un débat sur la théorie de l'optimisme et sur le bien et le mal. Le conte traite aussi de la religion, de la politique et surtout fait une satire de la société. Voltaire invente cette nouvelle forme de narration pour vulgariser sa pensée. En utilisant la forme du conte, il touche un public large séduit par la vivacité du récit. En outre, cette forme permettait à Voltaire de ne pas se faire censurer et d'échapper à la prison. Les contes, mal considérés à son époque, étaient rarement signés du nom de l'auteur : pour *Candide*, Voltaire avait choisi le pseudonyme de Docteur Ralph.

② Un roman d'apprentissage

Candide peut se lire à la fois comme un conte et comme un roman. En effet, le récit présente toutes les caractéristiques du roman d'apprentissage qui raconte, traditionnellement, la formation à la fois sociale, intellectuelle et amoureuse d'un héros masculin à travers des péripéties qui l'initient au monde qui l'entoure. Même si *Candide* est truffé d'éléments qui le rattachent au genre du conte, on suit l'évolution du personnage de Candide qui passe, le temps du récit, du jeune naïf à l'homme sage. Au début du conte, il est présenté comme étant plein d'illusions mais d'une sensibilité qui ne le laissera pas indifférent au monde qui l'entoure. Son nom, Candide, a deux acceptions : la naïveté, mais aussi la pureté et l'honnêteté de l'innocence. Une fois hors du château du baron de Thunder-ten-tronckh, Candide subit une longue série de péripéties initiatiques qui l'avertissent sur les dangers naturels (tremblement de terre, tempête, mort, maladie), sur les travers de l'humain (esclavagisme, guerres, viols, corruption par l'argent) et sur l'amour (séparations, infidélités). Le voyage, thème récurrent des romans d'apprentissage, est au premier plan : le héros traverse l'Europe entière avant de visiter l'Amérique et la Turquie. Avec le récit de ses voyages initiatiques, Candide donne à lire une véritable quête de la personnalité : malgré la perte de ses illusions, il se métamorphose.

3 La structure du récit

Le chapitre 1 de Candide décrit le monde fermé et immobile de la baronnie, puis le récit s'ouvre sur une ribambelle de péripéties mettant en scène un nombre élevé de personnages et de rebondissements avant de se refermer à nouveau, au chapitre 30, sur un monde clos qui est celui du jardin de Candide. L'accumulation d'épisodes, les récits enchâssés ainsi que le désordre chronologique et la variété des thèmes abordés par le conte peuvent donner au lecteur l'impression d'une absence de structure. Or, le récit est bien structuré, tissant des liens entre les différentes aventures. Ainsi, un même thème revient plusieurs fois (c'est le cas de la critique de la religion et de la guerre qui apparaît chapitre 3 et chapitre 11), des parallélismes sont créés par un système d'échos (Cunégonde puis la vieille sont de belles femmes nobles qui subissent tour à tour le viol et l'esclavage). Ce qui unifie le récit est la présence de fils conducteurs qui charpentent son ossature : Candide, présent tout au long du texte ; les personnages de la baronnie, qui réapparaissent ; le thème du voyage. D'autres leitmotivs participent à la construction de l'œuvre, comme la quête de l'amour et la recherche du bonheur. Par ce jeu de va-et-vient entre unité et multiplicité, Voltaire anime le récit, alternant des épisodes courts et des épisodes longs. Ce rythme donné à la narration unit solidement le récit.

4 Les différents points de vue dans *Candide*

Voltaire use de tous les moyens d'énonciation dans l'écriture de *Candide*. En effet, on peut relever les trois sortes de focalisation : focalisation zéro, focalisation interne et focalisation externe. La focalisation zéro correspond au point de vue omniscient, qui est la forme narrative la plus utilisée au temps de Voltaire. Il s'agit d'utiliser un narrateur extérieur au récit qui sait tout des personnages, des événements passés et à venir. La première page de *Candide* nous apprend que le conte est un texte traduit de l'allemand : le narrateur n'est donc pas l'auteur. Dans le chapitre 1, le narrateur nous livre les sentiments intimes de Candide concernant Cunégonde, ce que seul un narrateur omniscient est capable de faire. La focalisation interne est aussi utilisée par Voltaire. Il s'agit d'adopter le point de vue d'un personnage de manière subjective. C'est le cas dans les chapitres 8, 10 et 11, où Cunégonde et la vieille racontent leurs mésaventures. Enfin, la focalisation externe est aussi présente dans le conte. On parle de focalisation externe lorsque le narrateur ne raconte que ce qu'il voit, sans être impliqué dans les scènes qu'il rapporte. Voltaire utilise ce procédé par petites touches tout au long du conte, comme au chapitre 2, où le narrateur rapporte que Candide se fait accoster par *« deux hommes habillés de bleu »*, sans avoir compris que ce sont en fait des soldats.

⑤ La critique de la religion et de la société

En utilisant le point de vue naïf du jeune Candide, Voltaire a pour but de faire la critique des diverses institutions de son temps. Le pouvoir religieux est la principale institution visée par la satire de *Candide*. Pour autant, il n'attaque pas un ordre particulier : les chrétiens, les juifs et les musulmans sont critiqués avec la même virulence. Voltaire se bat avant tout contre l'intolérance, qui sévit dans chacune des religions et qui conduit aux meurtres sanglants de ceux qui ne pensent pas de la même manière. Voltaire insiste sur les abus de l'Inquisition, notamment dans les chapitres 6 et 8. L'Inquisition est un tribunal qui avait le droit de poursuivre, de torturer et de mettre à mort les personnes qu'il considérait comme non conformes au dogme religieux. Le *« bel autodafé »* du chapitre 6 montre l'Inquisition faisant pendre Pangloss et fesser Candide uniquement parce que leurs idées paraissent douteuses. Ce que dénonce Voltaire, c'est l'opposition entre le discours religieux et les notions que met en avant la religion chrétienne, comme l'amour de son prochain, et les pratiques violentes des prêtres, comme l'esclavagisme, par exemple (chapitre 19). L'esclavage, ou l'exploitation de l'homme par l'homme, est d'ailleurs le point culminant d'une série d'inégalités décrites par Voltaire qui préfigure la Révolution française en faisant la critique de l'injustice sociale.

⑥ Les procédés de la satire

Pour dénoncer et critiquer les différentes institutions, Voltaire utilise la satire. La satire est un genre littéraire qui vise à critiquer en se moquant, par le rire. Les procédés de la satire sont le comique et l'ironie. Le comique dans *Candide* est un comique de mots (avec l'utilisation de l'expression *« la métaphysico-théologo-cosmolonigologie »* au chapitre 1, par exemple), de caractère (notamment la naïveté de Candide et l'obstination de Pangloss) et de situation (l'innocence de Candide contraste souvent avec la dureté du monde qui l'entoure). Le comique de répétition est aussi utilisé par Voltaire, avec le discours que Pangloss déclame de manière presque identique plusieurs fois. L'ironie, qui consiste à affirmer le contraire de ce que l'on pense, est aussi très présente dans le conte. Ainsi, l'expression *« un bel autodafé »*, au chapitre 6, est ironique et présente la terrible cérémonie comme quelque chose d'appréciable. L'humour provient aussi d'un effet de décalage entre les faits décrits par le narrateur et le désintéressement avec lequel il les raconte. Par exemple, lorsque Candide décrit Pangloss comme *« le plus grand philosophe de la province, et par conséquent de toute la terre »* (chapitre 1), l'humour provient de l'absurdité de la naïveté du héros qui n'est pas commentée par Voltaire. Les différentes formes de rire sont des instruments au service de l'argumentation.

7 L'argumentation dans *Candide*

Candide est un conte, mais c'est un texte qui tient aussi de l'argumentation : Voltaire veut convaincre son lecteur de l'injustice du monde qui l'entoure. Pour cela, il met au point dans son texte une stratégie argumentative afin d'associer plaisir et instruction. Le personnage de Candide est un personnage sympathique. À la fois jeune et beau, il est fidèle en amour et en amitié, et sait se montrer compatissant face aux malheurs de ceux qu'il rencontre. Aussi, une des marques d'argumentation est de convaincre le lecteur que le *« jugement assez droit »* (chapitre 1) de Candide, son bon sens, est une arme contre les préjugés et l'intolérance. Paru en 1759, *Candide* met en scène les grands événements de l'actualité européenne du début du siècle : en utilisant des références communes avec son lecteur, Voltaire joue sur l'esprit de connivence pour mieux argumenter. La particularité de *Candide* est d'argumenter contre certaines théories philosophiques révoltant Voltaire. En effet, que ce soit l'optimisme de Pangloss, le pessimisme de Martin, ou les diverses religions que rencontre Candide, rien ne trouve grâce aux yeux du narrateur. Le dernier chapitre nous donne d'ailleurs à voir le héros abandonnant l'idée d'expliquer le monde en son entier : Voltaire montre par là que l'argumentation n'a pas toujours de sens et il met son lecteur en garde contre les gens qui argumentent trop.

8 Le symbole du jardin

Candide est célèbre pour sa conclusion et ses derniers mots en forme d'injonction : *« Il faut cultiver notre jardin. »* L'impératif donne à la formule un aspect proverbial qui peut interroger le lecteur : tout au long du conte, Voltaire a rejeté toute théorie et toute forme de dogmatisme, alors pourquoi le terminer sur cette phrase injonctive ? Mais si Voltaire se montre si persuasif dans la conclusion de son conte philosophique, c'est que le jardin a une grande importance pour lui et dans l'esprit du XVIIIe siècle. En effet, depuis le premier livre de la Bible, la Genèse, le jardin est considéré comme le symbole du bonheur, et c'est le cas dans la majeure partie des cultures. Pour les lecteurs du siècle de Voltaire, le jardin représente aussi le lieu d'une vie saine et pure, loin de l'immoralité et des conflits de la ville. Le dernier chapitre forme avec le premier un diptyque où des éléments se répondent. Ainsi, dans le chapitre 1, Candide vit près d'un *« petit bois qu'on appelait parc »* où il découvre l'amour avec Cunégonde, ce qui fait qu'il sera *« chassé du paradis terrestre »*. Le paradis de la petite baronnie est un paradis mensonger puisque Candide en sera chassé dès qu'il aura enfreint une règle de cette petite société. Le jardin du dernier chapitre est le jardin du bonheur parfait : il n'existe plus de hiérarchie, chacun œuvre pour le bien-être commun.

9 La question du mal dans *Candide*

Le titre complet du conte, *Candide ou l'Optimisme*, met en évidence la dimension philosophique que prend le récit au fur et à mesure de sa construction. Voltaire associe la question du mal à la théorie de l'optimisme, très en vogue à son époque. La question du mal est celle de l'existence du mal, qu'il soit naturel, physique ou moral. Pour répondre à cette question, la thèse chrétienne invoque la cause du péché. L'homme, qui n'a pas agi correctement, est puni pour ses mauvaises actions. Or, cette réponse n'est pas complète. En effet, pourquoi, dans ce cas, le tremblement de terre de Lisbonne fait-il des victimes qui étaient de bonnes personnes ? Au XVIIIe siècle, des contemporains de Voltaire, comme le philosophe allemand Leibniz, élaborent la théorie de l'optimisme. Pour eux, Dieu est parfait mais l'acte de création ne l'est pas ; néanmoins, la finalité de tout mal est le bien. C'est ce qu'explique Pangloss, puis Candide qui reprend les théories de son maître. Voltaire, optimiste dans sa jeunesse, fait la satire de cette théorie dans *Candide*. Il s'applique à tourner en dérision les optimistes avec le personnage de Pangloss. Celui-ci continue à déclamer ses théories même devant le spectacle des plus grands malheurs, se ridiculisant à force d'obstination. Au chapitre 4, il appuie sa théorie en maintenant que *« plus il y a de malheurs particuliers, et plus tout est bien »*.

10 Les personnages de *Candide*

Les personnages de *Candide* sont stylisés, sans grande profondeur. Ainsi, la description physique est succincte pour quelques personnages : le charme de Cunégonde, « fraîche, grasse, appétissante », l'éclat de la belle peau de Candide ; mais inexistante pour la plupart des autres. On ne sait rien du baron, de son fils, de Pangloss, de Martin, etc. La psychologie des personnages est, elle aussi, à peine évoquée et leur personnalité est réduite à leur position sociale ou religieuse. Alors que certains personnages ont un nom qui les définit, comme Pangloss, qui signifie « tout en parole » en grec, d'autres personnages n'ont même pas de nom, comme la vieille. Les différents personnages sont des types romanesques ou théâtraux déjà présents dans les œuvres de l'Antiquité ou de l'époque de Voltaire, à l'image de Cacambo, qui incarne le type du valet fidèle à son maître, que l'on retrouve dans les pièces de théâtre depuis Plaute jusqu'à Molière. Aussi, le conte tout entier est théâtralisé, les personnages étant au service de la vulgarisation que souhaitait Voltaire : l'action, comme les caractères des personnages, est souvent simplifiée pour plaire au plus grand nombre. Les personnages s'apparentent alors plus à des marionnettes dont Voltaire tire les ficelles qu'à de vraies personnes, comme Pangloss qui ne parvient pas à se plier à la réalité, même quand elle devient dramatique.

RÉSUMÉ

Le préambule des *Confessions* nous annonce que Rousseau a décidé d'écrire « *le seul portrait d'homme, peint exactement d'après nature et dans toute sa vérité* ». Le livre I couvre la période qui s'étend de sa naissance à ses 16 ans. Rousseau y raconte sa vie à Genève, en commençant par sa naissance difficile qui a causé la mort de sa mère. Dès l'âge de 5 ans, le jeune Jean-Jacques découvre aux côtés de son père les plaisirs de la lecture. Avec sa tante maternelle qui l'élève avec amour, il apprend à apprécier la musique. Malgré la fuite du domicile familial de son frère aîné, Jean-Jacques mène une enfance heureuse, traité « *en enfant chéri, jamais en enfant gâté* ». Alors que son père doit quitter Genève, il est placé avec son cousin du même âge chez un pasteur à Bossey, un petit village de Haute-Savoie. Pendant deux ans, il y mène une vie paisible au milieu de la nature. Deux événements viennent pourtant troubler cette existence tranquille : un jour, la sœur du pasteur lui donne une fessée pour le punir, provoquant chez le jeune garçon une excitation presque masochiste ; un autre jour, le jeune Jean-Jacques est accusé à tort d'avoir cassé un peigne appartenant à la sœur du pasteur. Cette injustice le révoltera toute sa vie. De retour à Genève, les deux cousins continuent d'habiter ensemble, puis Jean-Jacques est mis en apprentissage chez un graveur, Abel Ducommun, un homme tyrannique et brutal. Le jeune homme, pour lui échapper, apprend le mensonge et commence à voler. Il lit beaucoup. À l'âge de 16 ans, il s'enfuit, épris de liberté.

Le livre II raconte la vie de Rousseau lors de l'année 1728. Après avoir quitté Genève et décidé de se convertir au catholicisme, Jean-Jacques rencontre un curé qui l'envoie à Annecy chez « *une bonne dame bien charitable* ». Il s'agit en réalité de Mme de Warens, pour qui il a un véritable coup de foudre, et qu'il appellera toujours « Maman ». Elle lui donne un peu d'argent afin qu'il aille se faire convertir à Turin, où il restera plusieurs mois en exerçant divers métiers. Chez une comtesse où il a trouvé une place de laquais, le jeune homme dérobe un ruban que l'on retrouve dans ses affaires. Pour se faire innocenter, il accuse une servante, Marion. C'est une action qu'il regrettera toute sa vie. Le livre III montre Jean-Jacques réussir dans la haute société de Turin avant de revenir chez Mme de Warens, où ils vivent pendant près d'un an. Puis « Maman » adresse Jean-Jacques à M. Le Maître, le maître de musique de la cathédrale. Mais le jeune homme veut retrouver Mme de Warens. Le livre IV nous raconte cette quête qui s'étend de 1730 à 1731. « Maman » a quitté Annecy quand Rousseau revient, et celui-ci y vit un certain nombre d'aventures avant de partir pour la Suisse puis pour la France. Déçu par Paris, il se rend à Lyon où il retrouve enfin la trace de sa bien-aimée.

Les Confessions

Jean-Jacques Rousseau 1765-1770

Jean-Jacques Rousseau naît le 28 juin 1712 dans la république indépendante et calviniste de Genève. Sa mère meurt aussitôt des suites de l'accouchement. Élevé d'abord par son père, puis par un pasteur dans un petit village, et enfin par son oncle maternel, il entre en apprentissage en 1725 chez le graveur Abel Ducommun, chargé de lui apprendre le métier. Il fuit Genève trois ans plus tard, en 1728, et rencontre Mme de Warens à Annecy, qui le convertira au catholicisme. Il accompagne son maître de musique à Lyon et se rend ensuite à Fribourg, Lausanne, Neuchâtel puis à Paris avant de revenir passer cinq ans à Annecy auprès de Mme de Warens, dont il devient l'amant. À 33 ans, il rencontre Thérèse Le Vasseur, une lingère avec qui il aura cinq enfants qu'ils abandonneront aux Enfants trouvés. En 1749, il se joint à D'Alembert et Diderot qui écrivent l'*Encyclopédie*. En 1752, il compose un opéra joué devant le roi qui rencontrera un succès éclatant, puis il écrit plusieurs discours philosophiques et remporte à nouveau un grand succès avec *La Nouvelle Héloïse*, un roman épistolaire, en 1761. L'année d'après, il publie *Émile ou de l'Éducation* et *Du contrat social*, des réflexions sur l'éducation et la liberté qui font scandale et qui le contraignent à quitter la France. Attaqué par les intellectuels, il envisage en 1764 de se défendre en écrivant *Les Confessions*. Il épouse Thérèse Le Vasseur en 1768 et achève ses *Confessions* l'année suivante. Il meurt en 1778, avant leur publication en 1782 et 1789.

① L'autobiographie

« Je forme une entreprise qui n'eut jamais d'exemple et dont l'exécution n'aura point d'imitateur. Je veux montrer à mes semblables un homme dans toute la vérité de la nature ; et cet homme, ce sera moi. » Voilà comment Rousseau débute ses *Confessions*. Cette « entreprise » n'est pourtant pas la première de la sorte dans l'histoire de la littérature. Le titre est emprunté à saint Augustin (354-430), et Montaigne (1533-1592), dans ses *Essais*, avait lui aussi essayé de se décrire physiquement et moralement. Mais, parce qu'il ne racontait pas l'histoire de sa vie, on ne considère pas les *Essais* comme une œuvre autobiographique. La définition de l'autobiographie qui fait autorité est celle que donne Philippe Lejeune dans *Le Pacte autobiographique*, paru en 1975 : *« L'autobiographie [...] suppose qu'il y ait identité de nom entre l'auteur (tel qu'il figure par son nom sur la couverture), le narrateur du récit et le personnage dont on parle. »* Le « je » des *Confessions* rassemble bien les fonctions de héros, de narrateur et d'auteur. Le nom sur la couverture est le même que celui employé au début du récit : *« Je suis né [...] d'Isaac Rousseau. »* Rousseau invente ainsi l'autobiographie moderne, avec comme ligne directrice de son œuvre l'exigence de sincérité, liée intimement à l'idée de confession, qui, dans la religion catholique, est l'acte d'expier ses péchés en les avouant.

② La structure du récit et le registre picaresque

Si les *Confessions* appartiennent bien au genre de l'autobiographie, le récit s'apparente aussi, par certains aspects, à d'autres genres. Ainsi, les quatre premiers livres ont la structure d'un roman picaresque. Le roman picaresque est un genre littéraire né en Espagne au début du XVIe siècle, qui est un récit à la première personne d'un jeune héros malchanceux mais charmant, le picaro, à qui il arrive de nombreuses aventures extraordinaires qui lui font rencontrer différents milieux sociaux. Comme le picaro, le jeune Jean-Jacques est bousculé par la vie au point de passer d'un univers à l'autre sans jamais l'avoir vraiment voulu. Il apprend à devenir procureur, puis horloger, il se retrouve vagabond, découvre la douceur chez Mme de Warens, puis une dure vie à Turin, avant de se retrouver à nouveau sur les routes. Ce parcours chaotique est inscrit dans le récit par le découpage des livres qui insiste sur la discontinuité de l'itinéraire du jeune homme. Les premiers livres donnent à lire une succession d'aventures décousues, d'errances typiques du roman picaresque. Comme le picaro, Rousseau se présente comme un être solitaire, sans attaches familiales, qui ne parvient jamais à se faire véritablement d'amis. Ce n'est qu'à la toute fin du livre IV que le picaro arrive à s'intégrer à la société, grâce à la bonne Mme de Warens, qui incarne la stabilité et l'harmonie.

③ Le temps et la mémoire

En écrivant l'histoire de sa vie, Rousseau écrit aussi sa propre conception du temps, qui unit d'une manière originale passé, présent et futur. Le livre I met en évidence deux périodes très distinctes : d'un côté, le temps du présent, où Rousseau parle de lui au présent de l'indicatif (*« je forme une entreprise »*), et, d'un autre côté, le temps du passé, qui permet l'écriture des souvenirs. Pour évoquer le passé, Rousseau utilise toutes les formes temporelles à sa disposition : le passé simple pour retracer une action brève qui ne s'est produite qu'une fois, l'imparfait pour rappeler un état de fait, et le passé composé pour faire le lien entre des actions terminées et leurs conséquences sur le présent. En outre, Rousseau utilise le présent de narration pour impliquer fortement le lecteur dans les scènes qu'il juge les plus importantes, comme sa rencontre avec Mme de Warens. Mais ce qui est véritablement essentiel dans les *Confessions*, c'est que l'écriture permet à Rousseau d'abolir le temps. Parce qu'il considère la mémoire comme une manifestation affective qui engage tous les sens et qui permet de revivre le passé, Rousseau écrit de manière à faire fusionner le jeune homme qu'il était avec l'homme qu'il est à l'heure de l'écriture. Pour lui, le présent ne peut exister que grâce au souvenir, un événement n'est intéressant que vu par le prisme de la mémoire et de l'écriture.

④ Le souvenir d'enfance et la sortie de l'innocence

Selon Rousseau, l'enfance représente un état d'innocence qu'il faut considérer avec sérieux : *« Respectez l'enfance dans l'enfant »* écrit-il dans l'*Émile* (1772), traité d'éducation où Rousseau décrit l'enfant comme *« un petit être intelligent et moral »*. Aussi, il examine avec attention ses propres souvenirs d'enfance, sans le moindre mépris pour les sentiments qu'il pouvait ressentir alors, d'autant plus qu'il s'agit pour lui d'une époque particulièrement heureuse, presque la plus heureuse. Analysant les réactions qu'il avait enfant, Rousseau préfigure la psychologie de l'enfant qui sera développée plus tard, notamment par Freud. Il met en évidence l'importance de la sexualité infantile avec l'épisode de la fessée et souligne le rôle des premières années dans la formation de l'être adulte. L'enfance est donc pour lui à la fois la période la plus heureuse de sa vie et une véritable clé de lecture de sa personnalité. C'est pourquoi il s'attarde sur le récit des événements qui l'ont fait, malgré lui, sortir de cet état d'innocence originelle de l'enfance. Trois événements contribuent à cette chute qui le fait passer de l'« enfant chéri » à l'« enfant perdu » : lorsqu'il quitte son père après une forme d'âge d'or vécu dans la maison familiale à Genève, lorsqu'il découvre l'injustice avec l'épisode du peigne cassé, et enfin lorsqu'il entre chez le graveur Ducommun.

5 L'autoportrait et le moi dans les *Confessions*

Dès la première page du livre I, Rousseau explique son ambition de décrire l'homme qu'il a été : *« Voilà ce que j'ai fait, ce que j'ai pensé, ce que je fus. »* Or, un même être possède plusieurs facettes, qui forment pourtant une unité, et toute la difficulté des *Confessions* tient dans ce paradoxe : comment écrire les différentes faces d'un moi changeant et pourtant toujours le même ? En exposant sa vie dans les *Confessions*, Rousseau se soumet au jugement de ses lecteurs et souhaite que ceux-ci puissent saisir son moi profond. C'est pourquoi il s'attache à se dévoiler sous les différents masques qu'il peut porter, au travers des différents noms qu'il emploie (il est tour à tour « Jean-Jacques », « Rousseau », « J.J. Rousseau ») et il désire plus que tout pouvoir accéder à l'origine unique de son caractère, à l'œuvre derrière l'apparente diversité de son personnage. L'autoportrait est un topos de l'autobiographie qui pose la question du point de vue, puisqu'il s'agit de ne pas être ni trop sévère ni trop élogieux. À plusieurs reprises dans les *Confessions*, Rousseau fait son autoportrait, à la fois descriptif et analytique. C'est le cas de l'autoportrait qui se trouve au début du livre II, juste avant le portrait de Mme de Warens, avec lequel il forme un diptyque. C'est un autoportrait classique qui présente d'abord son physique puis ses caractéristiques psychologiques.

6 L'écriture de l'amour dans les *Confessions*

L'amour est un des thèmes les plus importants des *Confessions*. Pourtant, même s'il écrit, dans le livre IV, *« je suis fâché de faire tant de filles amoureuses de moi »*, le jeune Jean-Jacques n'a pas de vraie histoire d'amour dans les premiers livres de son autobiographie. Il tombe pourtant vite amoureux, mais se trouve toujours éconduit, ce qui donne à son personnage un côté attachant. Cet antihéros est un amoureux rêveur, *« amant espagnol et n'ayant point de guitare »*, qui n'a de cesse d'avoir des coups de foudre, aussi intenses qu'éphémères : Mlle de Vulson, Mlle Goton, Mme Basile, Mme du Breil, Mlle Galley et Mlle de Graffenried sont autant d'amoureuses possibles. Craignant le ridicule, le narrateur écrit dans le livre IV : *« Ceux qui liront ceci ne manqueront pas de rire de mes aventures galantes, en remarquant qu'après beaucoup de préliminaires, les plus avancées finissent pas baiser la main. »* Pourtant, si l'écriture du sentiment amoureux va souvent de pair avec l'écriture d'un échec personnel, il n'en reste pas moins qu'elle permet à Rousseau d'exprimer des sentiments passionnés, préfigurant ainsi les écrivains romantiques du XIXe siècle. La rencontre avec Mme de Warens est un moment à part et fondamental dans les *Confessions*. Bouleversé par la découverte de la jeune femme, Rousseau est toujours ému lorsqu'il écrit le récit de cette rencontre plus de quarante ans après.

7 Les notions du bien et du mal

Les Confessions est un ouvrage de réflexion morale : Rousseau, faisant le bilan de sa vie, considère que celle-ci fut dominée par le bien, comme il l'écrit dès le début du livre I : « *[...] et puis qu'un seul te dise, s'il l'ose : je fus meilleur que cet homme-là* ». Pour autant, son existence n'a pas été faite que de bonnes choses. Rousseau, qui considère que l'enfant est bon par nature, cherche à comprendre pourquoi les hommes sont poussés vers le mal. Il relève deux causes principales : l'envie de bien faire et la force de l'habitude. Rousseau explique que contrairement à l'idée reçue selon laquelle on succombe au mal par tentation, c'est en ayant envie de bien faire que l'homme se tourne vers le mal : « *Ce sont presque toujours de bons sentiments mal dirigés qui font faire aux enfants le premier pas vers le mal* », écrit-il dans le livre I. Aussi, le jeune Jean-Jacques commet le vol par amitié pour Verrat, et il renie sa foi pour faire plaisir à un curé qui lui a offert l'hospitalité. Il développe ensuite l'idée qu'une fois le mal fait, l'habitude est ancrée de telle manière que l'on continue à commettre le mal sans vraiment le vouloir. Mais ces théories morales semblent peu partiales. En effet, prouver que le bien et le mal sont proches l'un de l'autre, n'est-ce pas une méthode de l'auteur pour adoucir le jugement du lecteur sur ses actions et l'inciter à l'indulgence ?

8 La critique de la société

Au fil des différents livres qui composent les *Confessions*, le jeune Jean-Jacques découvre la société, passant d'un univers social à un autre tel le héros d'un roman picaresque, mais ne s'intégrant véritablement qu'à la fin du livre IV. Il ne se présente pas comme le héros d'un roman de formation, qui serait ambitieux et arriviste. En effet, malgré les apparences, les *Confessions* ne se lisent pas comme un roman de formation où le héros part loin de chez lui pour tenter de réussir. Pauvre au début, il finit par se hisser dans la société, et, se liant à une femme riche, termine par avoir une place dans le monde influent. Or, Jean-Jacques n'a pas cette ambition de fortune et de pouvoir. Il abandonne les succès sociaux aussitôt qu'il les a eus : il quitte Mme Basile, puis le comte de Gouvon, puis le marquis de Bonac, alors qu'il aurait pu grimper avec eux les échelons de la société. Mais, surtout, le jeune homme, au fur et à mesure qu'il avance dans les aventures de la vie, désire vivre loin de ses semblables dont il ne comprend pas les comportements : « *plus j'ai vu le monde, moins j'ai pu me faire à son ton* », écrit-il dans le livre IV. Pour Rousseau, c'est la société qui pervertit et corrompt les enfants, qui sont bons naturellement, mais qui sont à l'origine de l'injustice et de la domination. Selon lui, la société doit se fonder avant tout sur les notions de liberté et d'égalité.

⑨ Convaincre et persuader

Un des objectifs de l'écriture des *Confessions* est de persuader le lecteur de l'innocence de Rousseau. Pour remplir cet objectif, il essaie à la fois de convaincre et de persuader. Pour convaincre, il s'agit de faire appel à la raison et à l'esprit critique du lecteur afin d'obtenir son approbation, tandis que pour persuader, il s'agit de faire appel aux sentiments et aux émotions du lecteur afin d'obtenir son adhésion. Rousseau manie aussi bien l'une que l'autre des deux méthodes argumentatives. Dans un premier temps, il excelle dans l'art de présenter les faits, et notamment les torts qu'il a commis. Il n'a de cesse de décrire la difficulté qu'il a à raconter les choses dont il n'est pas très fier. Ainsi, après l'épisode de la fessée, il écrit : *« On peut juger de ce qu'ont pu me coûter de semblables aveux. »* L'aveu devient un acte de courage que ne peut qu'admirer le lecteur. Dans un second temps, il utilise l'art de l'argumentation avec deux procédés récurrents : il rappelle constamment que sa vie entière a été tournée vers le bien, *« quarante ans de droiture et d'honneur dans des occasions difficiles »* (livre II), et il montre que les torts qu'il a commis lui ont été inspirés par les autres. Il utilise aussi l'art de convaincre en faisant appel à l'émotion du lecteur : il décrit une vie de souffrances. En se positionnant en victime, il cherche à plaider pour son innocence.

⑩ La narration

Les *Confessions* se lisent comme un roman tant Rousseau a souhaité que le lecteur y trouve de l'intérêt en exerçant avec vivacité son art de raconter. En utilisant le présent de narration, il semble revivre les épisodes qu'il raconte, et les fait vivre au lecteur comme si ce dernier était présent. C'est le cas de la célèbre scène de la première rencontre avec Mme de Warens : *« Je cours pour la suivre : je la vois, je l'atteins. »* Les personnages qui peuplent les livres des *Confessions* sont peints avec vivacité, donnant du rythme au récit. La narration est ponctuée d'épisodes mis en valeur par des annonces et des conclusions sous forme de bilans. Ce moyen narratif d'encadrement permet au texte de respirer et souligne la nature décousue des aventures de Jean-Jacques. Rousseau donne du corps au récit en employant divers registres de langue, et même des mots d'argot qui appartiennent au registre familier (*« pénard »*, livre IV), ou des mots grossiers, comme *« salope »* (livre II). Il n'hésite pas à inventer des mots, comme le verbe *« déparler »* (livre IV), qui signifie pour lui arrêter de parler. Ces néologismes donnent au récit une fraîcheur qui augmente le plaisir de la lecture. Enfin, la langue de Rousseau est très imaginée, ponctuée de saynètes plaisantes écrites de manière familière, et c'est ce qui donne aux *Confessions* leur caractère résolument moderne et novateur.

RÉSUMÉ

Madame Bovary est un roman en trois parties. La première raconte le parcours de Charles Bovary, étudiant sans éclat mais assidu, qui, après avoir obtenu non sans mal son diplôme d'officier de santé, s'installe dans un village près de Rouen. Il y épouse une riche veuve, plus âgée que lui. À l'occasion d'une consultation chez un fermier, Charles fait la rencontre d'Emma Rouault, la fille de celui-ci. Sur la nuque de la jeune femme, quelques cheveux retombent, en contraste avec une apparence sage ; Charles est ému. Bientôt, la femme de Charles meurt. Dans l'intervalle, il est tombé amoureux d'Emma. De son côté, la jeune femme sort du couvent, où ses lectures de romans l'ont nourrie de rêves de passion, de lyrisme romantique. Elle imagine que se marier fera devenir réels ses songes d'une autre vie, plus éclatante, plus amusante. Une vie socialement plus élevée, aussi. Les noces ont lieu dans ce cadre champêtre. Emma devient Madame Bovary. Cependant, elle déchante vite devant la médiocrité du quotidien de son mari, un homme sincèrement épris mais peu brillant. Lors d'un bal, le désir d'Emma pour une vie festive est ravivé. C'est là l'un des tournants du roman. Son retour à la routine la déprime tellement que Charles décide de déménager à Yonville-l'Abbaye, afin de lui changer les idées. Le couple quitte son village ; Emma est alors enceinte. La deuxième partie s'ouvre. À Yonville, Emma Bovary s'ennuie toujours. Sa fille, Berthe, naît, sans franchement émouvoir la jeune mère. Les notables locaux, le pharmacien Homais, un anticlérical, ou Binet, un percepteur, lui paraissent mesquins. Emma rencontre aussi un jeune clerc, Léon Dupuis, qui s'éprend d'elle. Leur amour reste platonique ; Léon part pour Paris. Emma tombe alors dans les bras de Rodolphe Boulanger, un coureur de jupons auprès duquel, croit-elle, elle pourra enfin vivre une vraie passion. Rodolphe, finalement agacé par les élans romantiques incessants d'Emma, la quitte. Emma Bovary en tombe malade. Débute la troisième partie. Toujours aimant, sans soupçonner les causes réelles de sa faiblesse, Charles Bovary invite Emma à un spectacle à Rouen afin de lui offrir une distraction. Rentré regonflé de Paris, Léon Dupuis y assiste également. Emma, revigorée par cette rencontre, commence à se rendre, sous de faux prétextes, à Rouen, dans le but d'achever de séduire le clerc. Elle cherche à le rendre amoureux d'elle, à avoir sur lui une véritable emprise, qu'elle croit romantique. Dans le même temps, son appétence pour le luxe ne la quittant pas, Emma a contracté de lourdes dettes auprès de Lheureux, un marchand et usurier. Léon prend peur : Emma est devenue trop baroque, trop extravagante. Il la quitte à son tour. Seule, acculée par les créances, Emma est désespérée. Elle met fin à ses jours en ingérant de l'arsenic. Charles Bovary, qui ignorait tout de cette vie parallèle, meurt de chagrin.

Madame Bovary

Gustave Flaubert **1856**

Gustave Flaubert (1821-1880) est né à Rouen dans une famille catholique de la petite bourgeoisie. Son père, Achille Flaubert, un chirurgien aux idées voltairiennes, était médecin-chef de l'hôtel-Dieu. L'atmosphère froide de l'appartement familial fut le cadre d'une enfance triste, aux joies rares, qui laissa à Gustave Flaubert un goût de mélancolie et de pessimisme. Entre 1832 et 1839, Flaubert est lycéen : il rêve de grandeur, d'extravagance. Dès ses premiers écrits transpire la volonté de se figurer en artiste. Âgé de 15 ans à l'été 1836, il s'éprend d'Élisa Schlésinger, une femme mariée et mûre, alors qu'ils n'ont échangé que quelques mots – il ne lui écrira sa première lettre d'amour que 35 ans plus tard. C'est le début d'une passion secrète, source d'inspiration des *Mémoires d'un fou* (1838), de *Novembre* (1842) et de *L'Éducation sentimentale* (1845 et 1869). Il poursuit ses études à Paris, où il fréquente davantage les milieux artistiques que les bancs de la Faculté de droit. En 1844, affaibli par des crises nerveuses, il se retire à Croisset, en Seine-Maritime, où il entame une existence solitaire, ne séjournant que ponctuellement à Paris. En 1857, il est poursuivi et acquitté pour avoir écrit *Madame Bovary*. Il tisse des liens avec George Sand, Sainte-Beuve, et devient le parrain littéraire de Guy de Maupassant. Gustave Flaubert meurt d'une hémorragie cérébrale, ruiné – il a donné toute sa fortune pour éviter la faillite de sa nièce – mais influent.

① Petite histoire de l'œuvre

Il aura fallu à Gustave Flaubert cinq ans pour rédiger *Madame Bovary*. En 1851, il prévoit que ce projet ne l'occupera que deux ans : sa liaison avec Louise Colet devait pouvoir tolérer les absences que ce labeur impliquait. Quatre ans plus tard, en 1855, son aventure prend fin alors que *Madame Bovary* en est à une énième réécriture : l'histoire a évolué, et il faut à Flaubert tailler dans un manuscrit devenu trop long, trop lourd. De longs passages sont supprimés, remplacés par de courtes formules définitives et efficaces. Ce travail fut très pénible à Flaubert, qui écrivait en 1853, ennuyé par son Emma : *« Quelle sacrée maudite idée j'ai eue de prendre un sujet pareil ! »* *Madame Bovary* paraît d'abord fin 1856, dans une version censurée de quelques passages, sous la forme d'un feuilleton, dans *La Revue de Paris*. Cela lui vaut des poursuites judiciaires en janvier 1857. Le procureur Pinard accuse Flaubert de livrer aux lecteurs des scènes sensuelles et de glorifier l'adultère. 1857 est l'année d'un autre procès, celui des *Fleurs du mal*, en août. Baudelaire aura moins de chance que Flaubert, qui sera acquitté grâce à la défense de Maître Sénard, ancien ministre de l'Intérieur. Édité en 1857 en deux volumes chez Michel Lévy, l'ouvrage bénéficie de la publicité faite par le procès. En deux mois, on achète quinze mille exemplaires du roman, qui sera réédité à plusieurs reprises.

② Un rapport singulier au réalisme

Les rapports que Gustave Flaubert entretenait avec le courant réaliste sont assez singuliers. Si son sujet procède bien d'un tableau de mœurs, d'une chronique culturelle, Flaubert ne visait pas à être toujours dans le vrai, dans le réel. Plus exactement, le vrai ne semblait pas suffisant. Il s'agissait pour lui de partir du réalisme pour aller jusqu'à la beauté. D'ailleurs, l'accusant de fournir bien trop de détails dans *Madame Bovary*, les réalistes se distinguèrent nettement, dès la publication du roman. En 1857, la revue *Réalisme* publiait ces quelques lignes : « *Madame Bovary [...] représente l'obstination de la description. [...] Il n'y a ni émotion, ni sentiment, ni vie dans ce roman. [...] Ce livre est une application littéraire du calcul des probabilités.* » Que les tenants du courant naturaliste, Émile Zola le premier, aient racheté la sobriété de l'auteur par la suite n'est guère une consolation. Flaubert exécrait l'idéal esthétique du courant réaliste. Il y a chez cet écrivain une dualité : l'homme épris de lyrisme (Flaubert admirait Victor Hugo), accordant à ses personnages des élans et des rêveries passionnés, usant dans l'écriture de ficelles lyriques parfois, et celui qui cherche à décortiquer le sentiment pour y accoler le mot juste, efficace, presque médical. Cela lui donne une dimension particulière face aux tenants d'un réalisme plus académique.

3 « *Madame Bovary, c'est moi.* »

Qu'y a-t-il de Gustave Flaubert dans *Madame Bovary* ? L'œuvre paraît d'abord impersonnelle ; c'était d'ailleurs le but de l'écrivain. Échaudé par sa *Tentation de saint Antoine*, trop lyrique, Flaubert cherche ici à *« suivre une ligne droite géométrique. Nul lyrisme, pas de réflexion, personnalité de l'auteur absente »*, selon ses propres mots (*Correspondances*, 1er février 1852). Le sujet n'a guère d'importance. Il est impersonnel. C'est par le style que l'on crée de l'art, de la grandeur. L'auteur doit donc s'effacer. Pour autant, Flaubert avait son roman bien plus chevillé au corps qu'il ne semble. Dans une lettre à un ami datée de 1866, il écrit : *« Les personnages imaginaires m'affolent, me poursuivent – ou plutôt c'est moi qui suis dans leur peau. Quand j'écrivais l'empoisonnement de madame Bovary, j'avais si bien le goût d'arsenic dans la bouche [...] que je me suis donné deux indigestions coup sur coup. »* C'est là une duplicité de l'écrivain commune. Baudelaire, par exemple, écrivait lui aussi en 1866 : *« Dans ce livre atroce, j'ai mis tout mon cœur, toute ma tendresse, toute ma religion. »* Cependant, Flaubert, en affirmant : *« Madame Bovary, c'est moi »*, cherchait moins à parler de lui-même qu'à viser la création d'une héroïne universelle, qui, en chacun, trouverait résonance.

4 Ennui de la province, mirage parisien : un tableau de mœurs

Bêtise, échec, ennui : voilà le portrait que voulait faire Flaubert de cette vie provinciale vécue par son héroïne. À travers le vide des conversations et la médiocrité d'un mari qui a échoué à devenir docteur, c'est l'opposition entre un quotidien provincial triste et conformiste et le mirage d'une capitale vue comme symbole de réussite et d'exaltation que dépeint Flaubert. Emma rêve de grande vie – *« elle savait les modes nouvelles, l'adresse des bons tailleurs, les jours d'opéra »* – sans parvenir à la faire sienne. Sans même mettre le commencement d'un pied à Paris.

Sur les inspirations de l'auteur, on fera mention de l'affaire Delamare – l'épouse adultère d'un officier de santé s'était donné la mort en Normandie, menant son époux à mourir de chagrin –, vers laquelle les amis de Flaubert, Louis Bouilhet et Maxime Du Camp, l'avaient orienté pour construire son intrigue. On notera que les critiques polémiquent toujours sur le rôle du fait divers dans la construction du roman : certains y voient un canevas clair, d'autres affirment que son influence se borne à l'événement. Si certains traits de caractère de Charles et Emma Bovary semblent empruntés aux époux Delamare, c'est surtout à partir de l'observation réaliste que Flaubert peint son tableau de mœurs, donnant une impression de réalité. La scène des noces paysannes en est l'exemple type.

5 « *Le nom d'un autre* », ou le renoncement

En choisissant de titrer son roman du même nom que son héroïne, Gustave Flaubert donne d'emblée une indication sur la trajectoire d'Emma Bovary. Ce n'est d'ailleurs pas elle la première « madame Bovary » que le lecteur rencontre, mais bien la mère de Charles, l'homme qu'Emma épousera ; lorsque le personnage d'Emma Rouault, de son nom de jeune fille, apparaît, on comprend qu'il y a en vérité deux « madame Bovary » – trois, si l'on inclut la première épouse de Charles. Ce titre contient le renoncement d'Emma. Renoncement à la liberté tout d'abord. Mais de quelle espèce de liberté aurait-elle réellement joui, qu'elle fût ou non mariée, à une époque où les jeunes filles n'étaient libres que de *« se cloîtrer dans le pensionnat d'un couvent [...], d'épouser le premier magot titré ou doré auquel leur père et mère trouveront très raisonnable de les accoupler »* (Étienne de Neufville, *Physiologie de la femme*, 1842) ? Renoncement, surtout, à l'individualité, puisqu'elle disparaît derrière ce nouveau nom qui, comme le lui fera remarquer Rodolphe Boulanger, n'est pas le sien : *« Madame Bovary ! [...] Ce n'est pas votre nom d'ailleurs, c'est le nom d'un autre. »* Dans ce passage du « mademoiselle » au « madame », symbole aussi des désillusions du mariage, et dans ce nom se trouvent le regret d'une ascension sociale ratée et l'aliénation de l'héroïne, parce qu'elle est femme au XIXe siècle.

6 Bovarysme contre donjuanisme

Le bovarysme peut être défini comme la faculté de se trouver en état d'insatisfaction, de se nourrir d'illusions, de fuir vers un monde imaginaire fantasmé, de passion mystifiée. Insatisfaction face au mariage, face aux désillusions amoureuses, face à l'échec de son ascension sociale. Le bovarysme est parfois considéré comme révélateur de la condition féminine de cette époque. Son pendant masculin étant plutôt vu comme du donjuanisme. Flaubert, au moment de se dédier à l'écriture de *Madame Bovary*, hésitait d'ailleurs avec un autre projet de ce type. Le personnage de Rodolphe Boulanger sert à l'intrigue mais surtout à la mise en perspective des conditions féminines et masculines face à l'adultère : lui, un coureur de jupons invétéré, n'est pas inquiété par la morale ; Emma, en revanche, voit l'opprobre social jeté immédiatement sur elle, femme adultère. L'action se joue en province, où la réputation de chacun semble être à la merci de tous. On notera cependant que c'est davantage parce qu'elle est ruinée qu'Emma Bovary songe à se donner la mort, plus que par honte de ses actes adultérins. En cela, et par son rôle de mère indigne également, Emma est une héroïne presque « donjuaniste » : Flaubert n'est pas parvenu à *« se dépouiller entièrement de son sexe d'homme et à se faire femme. [...] Madame Bovary est restée un homme »* (Charles Baudelaire, *L'Art romantique*).

7 Romantisme et fatalisme

S'il y a chez Flaubert un appétit pour le romantisme, il cherche à se détacher d'envolées lyriques qui ne lui réussissent guère. Dans *Madame Bovary*, il lui semble nécessaire de calmer ses élans pour mieux décrire, par exemple, la niaiserie de son héroïne. Il y a même là une satire du romantisme. L'enchaînement est porté par l'importance des modèles que s'est donnés l'héroïne, et, à travers elle, chacun des lecteurs, aussi médiocres puissent-ils être. Emma, à s'être trop inspirée de romans, terme peu valorisé ici, se perd dans ses rêves de passion, dans un quasi-mysticisme amoureux. D'autre part, Flaubert fait un lien entre ce romantisme médiocre et le rôle de ce que d'aucuns appellent la fatalité. Perdu, trompé, Charles Bovary en conclut : *« C'est la faute de la fatalité. »* D'une certaine manière, il a raison : Charles, en ayant pour Emma des attentions, comme lui proposer de monter à cheval, offre toutes les conditions pour la pousser dans les bras de Rodolphe et de Léon. Pourtant, le terme de fatalité intervient à plusieurs reprises dans le roman davantage comme une excuse pour rejeter la faute vers quelque chose d'impalpable. C'est le signe d'une passivité face à l'existence, liée à un quotidien routinier ; Charles et Emma ne sont pas des héros actifs, engagés, mais presque des personnages atones. La monotonie triomphe d'un romantisme, lui-même finalement assez morne.

8 Multiplicité des points de vue

Gustave Flaubert utilise différentes perspectives dans son roman : elles lui permettent de ne pas nouer de connivence exclusive avec ses personnages, en particulier avec Emma Bovary. Le point de vue objectif est utilisé notamment pout décrire la commune d'Yonville, dont le narrateur sait tout ; même ce qu'elle deviendra. C'est un point de vue peu utilisé par Flaubert (contrairement à Balzac). Le point de vue subjectif est le plus utilisé : il peut même varier parfois au cours d'une scène, livrant le point de vue de plusieurs des personnages. Dans le chapitre « Les comices agricoles », Emma est d'abord perçue par madame Lefrançois avant d'être décrite à travers le regard de Rodolphe Boulanger. Enfin, le point de vue externe est utilisé pour ne donner que les aspects visibles d'un personnage (le curé, par exemple, seulement décrit par son habit noir et sa gestuelle). L'imagination chez Flaubert est très visuelle et le trait subjectif : il peut décrire un unique lieu sous plusieurs focales. Il s'agit de s'imprégner de la psychologie de chacun des acteurs, de leurs impressions dans leur rapport au lieu. Par ailleurs, Flaubert use des mots en italique afin de rendre l'oralité de la réflexion et donner une authenticité, un réalisme aux mots que choisissent les personnages : ils font alors irruption dans la narration.

9 Style et forme

Gustave Flaubert rêvait d'écrire un livre sur rien, *« qui se tiendrait par la force interne de son style »*. Pour lui, peu importe le sujet, tout est traitable tant que l'on crée de la beauté, *« le style étant à lui seul une manière absolue de voir les choses »*. Voir les choses et les mettre en adéquation avec la forme : voilà, pour Flaubert, ce qu'est l'art. *« Plus l'expression se rapproche de la pensée, plus le mot colle dessus, plus c'est beau »*. *« Le but de l'art, c'est le beau avant tout »*, écrivait-il encore. Aussi, Flaubert réécrivait inlassablement de longs passages de ses œuvres, afin de rendre honneur à la forme, et donc au beau. Le style n'a alors guère besoin de lyrisme ou d'un éclat trop appuyé pour créer du beau. Dans une correspondance de juin 1852, il détaille ses influences : *« Il faut [...] que ce soit clair comme du Voltaire, touffu comme du Montaigne, nerveux comme du La Bruyère et ruisselant de couleur, toujours. »* Se détachant du lyrisme, Gustave Flaubert avait tout de même à cœur que de ses mots résonne une certaine poésie. En découle l'usage ponctuel d'alexandrins (voir passage du spectacle donné à Rouen, qui permet de nouer un rapport entre l'héroïne du roman, Emma, et celle de la pièce). On notera aussi l'usage des qualificatifs pour décrire une sonorité (le rire d'Emma), une attitude, bref, donner de la couleur.

10 Présence et but de l'ironie

L'ironie est constamment présente dans cet ouvrage. Elle est une parade au désespoir. Et elle vise tout le monde, Emma Bovary la première. L'ironie réside d'abord dans les situations et leur mise en perspective. On verra, par exemple, la scène de l'enterrement d'Emma, où l'ironie réside dans le décalage entre la description de la scène et les pensées de Charles Bovary. Si les personnages ne sont pas volontairement ironiques, c'est par leur biais que l'ironie s'invite dans le récit. Par exemple, lorsque Emma prend soi-disant des leçons de musique à Rouen – elle y rejoint en fait son amant, Léon –, Flaubert écrit : *« On trouva même, au bout d'un mois, qu'elle avait fait des progrès considérables. »* Autre moyen d'introduire l'ironie dans la narration : faire intervenir des personnages grossiers dans les moments importants. C'est une façon de rendre plus visible encore leur bêtise, thème central de l'ouvrage, que Flaubert avait en horreur. Quand, après que Rodolphe l'a quittée, Emma s'évanouit, le pharmacien explique l'événement de la façon suivante : *« Mais il se pourrait que les abricots eussent occasionné la syncope ! »* L'ironie est dans le contraste entre l'attitude terre à terre d'Homais et la cause du malheur d'Emma. Pour Gustave Flaubert, l'ironie est critique. Elle pose des limites à un romantisme trop exalté, dénonce la sottise, interroge le langage et le pouvoir des mots.

RÉSUMÉ

Le Rouge et le Noir se compose de deux parties : la première narre la vie de Julien Sorel à Verrières, petite ville de province, la seconde se déroule à Paris.

Julien Sorel est un jeune homme lettré et ambitieux. Mal aimé de son père, un paysan malin mais rustre, il devient le protégé de l'abbé Chélan, qui souhaite le voir entrer au séminaire. Se faire prêtre semble à Julien le meilleur moyen d'échapper à sa naissance, de gagner le respect de tous. Grâce à l'entremise de l'abbé et aux négociations de son père, Julien Sorel entre comme précepteur chez M. de Rênal, un industriel devenu maire de Verrières. Puisqu'il est en charge de l'éducation des enfants, Julien profite de la compagnie de Mme de Rênal, la raisonnable et timide épouse de son employeur. Auprès d'elle, il éprouve ses premiers émois amoureux. Mme de Rênal se laisse séduire sans presque s'en rendre compte : leur liaison sera consommée. Cependant, Mme de Rênal n'est pas la seule à être sensible aux charmes de Julien. Élisa, la femme de chambre, voudrait l'épouser. Julien refuse. Piquée, Élisa s'empresse de faire courir la rumeur d'une liaison entre le précepteur et l'épouse du maire. Julien Sorel doit quitter la maison des Rênal et entre au séminaire à Besançon. Il y rencontre l'abbé Pirard qui, séduit par son esprit, le prend sous son aile et le recommande auprès du marquis de La Mole, influent personnage du faubourg Saint-Germain. Julien est ainsi embauché comme secrétaire particulier. Avant de prendre ses fonctions, il rend une visite clandestine à Mme de Rênal ; elle lui apparaît froide et indifférente, elle est seulement réservée. Arrivé à Paris, c'est une nouvelle vie que Julien découvre au sein de l'aristocratie : il fait son « entrée dans le monde ». La fille du marquis, Mathilde, est une jeune parisienne élégante et éduquée. Curieuse de ce nouvel arrivant, elle s'éprend de lui, malgré le grand nombre de nobles gens qui la courtisent. Julien et Mathilde entament une liaison dans le secret. Mathilde tombe enceinte. Tandis que le marquis de La Mole hésite à laisser son employé épouser sa fille, il le fait tout de même anoblir. Julien devient le chevalier Julien Sorel de La Vernaye. Il lui obtient également un poste dans l'armée. Cependant, il est rattrapé par les rumeurs remontant de province. Furieux d'apprendre la liaison de son employé avec Mme de Rênal, le marquis de La Mole congédie Julien. Désemparé, le jeune homme est décidé à se venger : il retourne à Verrières, où il tente d'abattre Mme de Rênal à coups de pistolet. Il manque sa cible et est emprisonné. Dans son cachot, il reçoit la visite de sa première amante et comprend qu'elle est son amour véritable. Mathilde de La Mole, de son côté, use de son influence pour le faire relâcher mais en vain. En dépit d'une opinion publique acquise à sa cause, Julien est guillotiné ; trois jours après, Mme de Rênal meurt.

Le Rouge et le Noir

Stendhal **1830**

Marie-Henri Beyle (1783-1842), connu sous le nom de Stendhal, est issu d'une famille bourgeoise de Grenoble. Très jeune, il perd sa mère et se révolte contre son père, qu'il juge hypocrite, et son précepteur, un abbé : il en tire une haine de la religion et de la monarchie. Stendhal est initié aux lettres par son grand-père maternel. Auprès de lui, il fréquente les idéologues selon lesquels les sensations sont des données scientifiques conditionnant la réflexion humaine. Dans ses romans de formation – *Le Rouge et le Noir* (1830), *La Chartreuse de Parme* (1839), *Lucien Leuwen* (inachevé) –, le rôle que la sensation joue dans la vie est donc capital.

Stendhal étudie les mathématiques à l'École centrale de Grenoble. Son goût de la rigueur se retrouve dans la précision de son style. À l'âge de 17 ans, il renonce à ses études pour s'engager dans l'armée de Bonaparte, grâce à laquelle il découvre l'Italie. La musique, la peinture, l'art de l'amour le séduisent : il y voit les composantes du bonheur. Stendhal fut passionné toute sa vie par cette quête et par les femmes, lui que son physique ingrat condamna à la solitude.

Stendhal est également l'auteur d'essais – *Histoire de la peinture en Italie* (1817), seul ouvrage signé de son vrai nom, *Racine et Shakespeare* (1823) – et d'un roman autobiographique, *Vie de Henry Brulard* (1836). Il s'essaie aussi à la psychologie avec *De l'amour* (1822). Épris de l'Italie, Stendhal fit graver sur sa tombe *il Milanese*, qui signifie « le Milanais ».

① Le roman de formation : un genre développé au XIXe siècle

Le Rouge et le Noir est un roman de formation – aussi appelé roman d'initiation, d'éducation ou d'apprentissage. C'est-à-dire que le lecteur, en même temps que le héros, se forge une idée de l'existence. Le protagoniste, ici Julien Sorel, à travers la réalisation de ses objectifs, s'ouvre au monde et se réalise en tant qu'individu : il passe à l'âge adulte.
Si, avant le XIXe siècle, ce genre littéraire était préfiguré par Voltaire et ses contes philosophiques, ou par Fénelon dans *Les Aventures de Télémaque*, c'est Goethe, à la fin du XVIIIe siècle, avec *Les Années d'apprentissage de Wilhelm Meister*, qui le popularise. Au XIXe siècle, Stendhal fera du *Rouge et le Noir*, de *La Chartreuse de Parme* et de *Lucien Leuwen* (inachevé) des romans d'éducation. Ses contemporains, Guy de Maupassant (*Bel-Ami*), Honoré de Balzac (*Les Illusions perdues*), Gustave Flaubert (*L'Éducation sentimentale*) ou Benjamin Constant (*Adolphe*), ont également été les chefs de file du genre, lié dans une certaine mesure au romantisme. La trajectoire du héros est connectée à l'époque dans laquelle il se réalise. Le héros du roman de formation est généralement un ardent jeune homme, incarnation de la nouveauté, du rejet des vieilles normes. Il est la figure d'un art de vivre moderne : le héros décide, par et pour lui-même, du sens à donner à sa vie, et d'abord de son droit à y goûter.

② Le beylisme

Tiré du vrai nom de Stendhal – Marie-Henri Beyle –, le beylisme est le nom donné à la conception stendhalienne de la vie. C'est un idéal proche du romantisme mais résolument anticlassique, Stendhal ne supportant ni l'emphase, ni le sentimentalisme, ni le lyrisme de certains de ses contemporains : Mme de Staël, Lamartine ou encore Chateaubriand. Le beylisme est une philosophie de « chasse au bonheur » et de fuite de l'ennui ; c'est là, pour Stendhal, que réside l'intérêt de la vie. Dans cette quête, les hommes se montrent authentiques. Stendhal a l'hypocrisie en horreur, et grâce à cette philosophie, il découvre le plaisir, sorte de maître étalon du bonheur ; en cela, le beylisme est une forme d'« épicurisme passionné », deux termes ici réconciliés. Le plaisir est même un critère moral. La philosophie des idéologues a influencé Stendhal, pour qui l'expérimentation, la sensation, permettent à l'homme de comprendre l'existence. Il s'agit de s'enrichir de passions sincères, de mener des luttes pour l'amour ou pour ses idées, peu importent les obstacles et les préjugés. C'est une philosophie laïque avant l'heure, ignorant le religieux, et individualiste. Cet individualisme est poussé jusqu'à l'égotisme, où le moi n'est pas tourmenté : c'est un moi enthousiaste, prêt à défendre son ambition et à conquérir sa vie. Art de vivre moderne, le beylisme se veut héroïsme.

③ *Chronique de 1830* : un roman inspiré de la vie française sous la Restauration

Bien que les historiens estiment que cet ouvrage ait pu être écrit en 1827, Stendhal voulait rédiger une chronique de 1830, comme le sous-titre l'indique. C'est dans la *Gazette des tribunaux* que Stendhal puise son inspiration : en février 1828, Antoine Berthet est exécuté dans l'Isère pour avoir tenté d'assassiner Mme Michoud. Antoine Berthet, jeune séminariste, officiait comme précepteur des enfants de Mme Michoud et aurait été son amant. Il tenta de la tuer après s'être fait congédier. Le canevas à l'épopée de Julien Sorel est là.

D'autre part, alors que Stendhal compose *Le Rouge et le Noir*, une affaire fait grand bruit dans les salons parisiens : Marie de Neuville s'enfuit vers Londres avec son amant, et refuse de l'épouser à son retour. Un scandale que l'on retrouve dans la liaison qu'entretiennent Mathilde de La Mole et Julien Sorel.

Enfin, on notera que *Le Rouge et le Noir* fut mal accueilli à sa sortie. Seuls quelques-uns, dont Balzac, y virent un ouvrage intemporel : *« Julien Sorel aura toujours vingt ans et la vérité de son apprentissage amoureux une résonance à toute époque. »* Au contraire, les critiques le qualifiaient de *« déjà périmé »*. Or, si *Le Rouge et le Noir* était tout à fait « actuel », il n'en était pas moins déplaisant politiquement. C'est peut-être parce qu'il était à contre-courant que ce roman est resté une référence.

④ Observation réaliste et subjectivité du réalisme

Dès les premières pages du *Rouge et le Noir*, Stendhal écrit : *« Un roman, c'est un miroir qu'on promène le long d'un chemin. »* Outre le but affiché de connaître son temps, en s'appuyant notamment sur des faits réels, l'auteur emprunte aux idéologues leur méthode pour trouver la vérité : s'appuyer sur les sensations expérimentées par l'homme, données brutes et vraies.

En exergue au premier chapitre, Stendhal cite Danton : *« La vérité, l'âpre vérité. »* C'est cette vérité de l'existence que Julien Sorel, et le lecteur à travers lui, cherche sans relâche.

Pour autant, l'écrivain ne fait pas de la réalité un tableau exhaustif, contrairement à *La Comédie humaine* de Balzac. Appuyant son récit sur l'observation et le nourrissant de faits précis, Stendhal refuse néanmoins la notion d'objectivité : il s'arroge le droit de faire le portrait subjectif d'un personnage, par exemple M. Valenod, expression de ce qu'il méprise. Peindre son temps, c'est pour Stendhal faire une toile pleine de « partis pris », tant à propos des mœurs que de politique. La posture est même satirique. Bonapartiste, l'auteur avait en horreur la monarchie et le cléricalisme. Les voilà attaqués dans *Le Rouge et le Noir*, notamment lorsque Stendhal rédige la défense de Julien Sorel à son procès : un réquisitoire hautement politique, refus de l'injustice sociale autant que de l'ennui.

⑤ Usage de la dualité : jeter un regard critique sur l'époque

Stendhal, on l'a dit, voulait écrire une chronique de son temps. La mise en avant d'une certaine dualité lui permet de croquer son époque, d'en dénoncer les travers. Il dresse une première opposition entre une vie provinciale prude, voire ennuyeuse – se reporter à la conversation entre M. de Rênal et Julien sur le moyen d'emprunter des livres sans que cela se sache –, et une vie parisienne faite de conversations de salon, de débats. D'un côté, une bourgeoisie à la vue courte : il s'agit pour M. de Rênal, en embauchant Julien Sorel, de montrer qu'il peut avoir un précepteur, de couper l'herbe sous le pied de M. Valenod. De l'autre, une aristocratie décadente. Par ailleurs, Stendhal évoque la lutte entre jésuites et jansénistes, deux visions de la religion et de la politique, le jansénisme contestant l'absolutisme royal. En amenant la destitution de l'abbé Chélan, Stendhal décrit la confrontation violente de ces deux pensées. Enfin, Stendhal raconte l'opposition entre libéralisme et monarchie. En faisant de Julien Sorel un bonapartiste, un libéral, quasiment un révolutionnaire, il dépeint une époque frémissante : Napoléon Bonaparte en exil, la France était sur le point d'être dirigée par la monarchie de Juillet, exercice nouveau, voire moderne, de la royauté. Stendhal cherche ainsi à saisir la vérité de la vie sous la Restauration.

⑥ Julien Sorel, l'ambitieux : un apprentissage des codes sociaux

Incarnation d'un Stendhal réinventé et romanesque, l'objectif de Julien Sorel est de *« devenir quelqu'un »*, d'échapper à sa condition paysanne. On remarque d'ailleurs très rapidement que l'argent tiendra une place capitale dans le roman, notamment lorsque Stendhal écrit : *« Je n'ai que ma place pour vivre. »* C'est bien cette ascension sociale qui est narrée, dans ses incertitudes et dans ses joies : Julien Sorel est audacieux, mais il manque d'aisance, en dépit de ses lettres. À cet égard, la problématique des codes sociaux se pose. Dans le premier livre, lorsque Julien arrive chez les Rênal, la question de son droit à dîner avec les maîtres de maison est posée. Le malaise de Julien est palpable : *« Cette horreur pour manger avec les domestiques n'était pas naturelle à Julien. Il eût fait, pour arriver à la fortune, des choses bien autrement pénibles. Il puisait cette répugnance dans les Confessions de Rousseau. C'était le seul livre à l'aide duquel son imagination se figurait le monde. »* Cet ouvrage est une béquille pour Julien : il sait qu'il doit exiger de dîner à la table des maîtres, pour autant il ne le sent pas. Dans le second livre, à nouveau, la façon de monter à cheval paraît déterminante à Julien pour se forger une stature sociale. Enfin, on notera que, marqué par un milieu social qu'il abhorrait, Stendhal fait de l'hypocrisie un ressort au destin de son héros.

7 Mme de Rênal et Mathilde de La Mole : mise en perspective amoureuse

Julien Sorel connaît deux femmes : Mme de Rênal puis Mathilde de La Mole. Mme de Rênal est timide, mûre, intelligente mais simple. Mathilde est passionnée, jeune, orgueilleuse, dotée d'une bonne éducation. Ces deux femmes ont des points communs : elles sont toutes deux assujetties aux employeurs de Julien, l'arrivée de ce dernier chassant l'ennui à chaque fois. Elles ont la même « inquiétude » amoureuse. Julien Sorel éprouve cependant avec chacune d'elles un éveil différent à la séduction. Une approche sensorielle avec Mme de Rênal et une approche intellectuelle avec Mathilde de La Mole – Julien la retrouve régulièrement à la bibliothèque. La première rencontre entre Julien et Mme de Rênal va dans ce sens. *« Frappé du regard si rempli de grâce de Mme de Rênal, il oublia une partie de sa timidité. Bientôt, étonné de sa beauté, il oublia tout. »* Tandis que sa première perception de Mathilde de La Mole est nuancée : *« Il aperçut une jeune personne, extrêmement blonde et fort bien faite [...]. Elle ne lui plut point. »*

D'autre part, si Julien Sorel est séduit par la beauté de Mme de Rênal, elle ne le veut pas entre elle et ses enfants, avant de s'accoutumer à lui. Mathilde de La Mole, à son tour, finit par s'éprendre de Julien par défi. On peut parler d'amour de cœur et d'amour de tête. L'amour de cœur triomphe, même s'il s'agit d'un triomphe malheureux, dans la ligne du beylisme.

8 Un roman psychologique

Évoquant Stendhal, Friedrich Nietzsche écrivait qu'il était le dernier des psychologues français. Stendhal met en effet ses personnages à nu. Il utilise d'abord le monologue intérieur avec ses protagonistes principaux : par exemple avec Mathilde au chapitre XIX du second livre, où la narration extérieure (*« Elle trouvait une grâce charmante à ses moindres actions. »*) est entremêlée aux pensées de la jeune fille (*« Julien m'aimait encore. »*).

Ensuite, l'usage de la description subjective : dans la première partie, lorsque Mme de Rênal est choquée du désordre dans lequel elle trouva sa chambre, Stendhal se passe d'une énumération simple. Il préfère narrer la scène à travers les yeux de sa protagoniste. Autre exemple, Mathilde de La Mole est d'abord appelée « Mlle Mathilde », puis simplement « Mathilde ». Sans l'énoncer explicitement, Stendhal pose le point de vue au niveau de Julien Sorel, pour qui Mathilde est d'abord un personnage lointain puis devient accessible. Il place à nouveau l'optique au niveau de Julien lorsqu'il décrit la scène où celui-ci tente d'assassiner Mme de Rênal.

Enfin, et surtout, *Le Rouge et le Noir* est un roman psychologique en ce qu'il s'attache à décrire l'état intime, voire nerveux, des personnages : par exemple lorsqu'il dépeint l'épreuve psychologique que traverse Julien lorsqu'il doit trouver l'audace de saisir la main de Mme de Rênal.

9 Style : une écriture précise et rigoureuse

S'il aimait à décortiquer, analyser les sentiments, Stendhal détestait le sentimentalisme. Il préférait au lyrisme ou à l'éloquence la précision d'un trait fin, d'une plume affûtée ; il s'exerçait ainsi à l'écriture en recopiant des pages entières du code civil, œuvre de Napoléon. Il y voyait un idéal d'écriture : sécheresse, précision, rigueur. Dans son autobiographie romancée, *Vie de Henry Brulard*, Stendhal écrivait : *« Je n'ai qu'un moyen d'empêcher mon imagination de me jouer des tours, c'est de marcher droit à l'objet. »* C'est-à-dire ne pas parasiter son propos avec des fioritures. Dépouillée, l'écriture est plus incisive. Stendhal étant amateur de peinture italienne, la métaphore suivante pourrait être utilisée : chaque mot doit être une touche de couleur sans qu'un trop-plein de matière vienne écraser le trait. D'autre part, l'articulation des événements est aussi soupesée. Lorsque Julien Sorel est présenté au lecteur, c'est par le biais de son père, dans le décor de la scierie où ses frères sont regroupés sans lui, afin que l'on saisisse immédiatement le décalage entre le jeune homme et son milieu. L'efficacité réside aussi dans le portrait physique de Julien : ses *« grands yeux noirs, qui, dans les moments tranquilles, annonçaient de la réflexion et du feu, étaient animés en cet instant de l'expression de la haine la plus féroce »*, semblent apparaître au lecteur.

10 Stendhal à travers son roman

Stendhal apparaît en filigrane. Pour lui, le roman est un « laboratoire de vie », c'est-à-dire qu'il y imagine des variations à sa propre existence.
Ainsi, l'auteur paraît ponctuellement dans la narration, s'adressant tantôt directement au lecteur (*« Ne vous attendez pas à trouver en France ces jardins pittoresques. »*), utilisant à d'autres moments la première personne (*« je ne trouve, quant à moi »*, *« ce que je reprocherais »*). Cet usage de l'adresse au lecteur et du « je » offre une liberté dans la narration.
D'autre part, Stendhal entretient une relation directe avec ses personnages : il fait de certains la caricature de ce qu'il déteste (M. Valenod), et invente ses héros (ici Julien Sorel, mais aussi Fabrice del Dongo dans *La Chartreuse de Parme*) tels qu'il aimerait se réinventer lui-même. Aussi, il prête à Julien Sorel ses propres opinions et inspirations : admiration de Napoléon – Stendhal lui donne *Le Mémorial de Sainte-Hélène* comme livre de chevet –, lecture de Rousseau – voir la conversation de Mathilde et Julien à propos des *Confessions*.
Stendhal est également lisible à travers ses personnages d'amoureuses. Ainsi, Mathilde est une sorte d'*alter ego* féminin de Stendhal. Il lui dessine un caractère passionné, qualifié d'« espagnolisme » par Stendhal. Mme de Rênal incarne quant à elle l'idéal de femme dont l'auteur lui-même aurait voulu être aimé.

RÉSUMÉ

La première partie, intitulée « Le talisman », présente Raphaël, un jeune homme sans le sou. L'intrigue, qui se déroule dans le Paris de 1830, s'ouvre sur la perte au jeu de sa dernière pièce d'or. Désespéré, le jeune homme décide de se suicider en se jetant dans la Seine. Craignant d'être repêché, il préfère attendre la nuit pour en finir avec la vie. Se promenant le long des quais pour patienter, il entre par hasard dans un magasin d'antiquités. Il découvre, au premier étage de la boutique, une boîte qui l'intrigue fortement et demande à parler à l'antiquaire. Ce dernier, en apprenant que le jeune homme désire se suicider, lui présente une peau qui brille d'un éclat extraordinaire : c'est une « peau de chagrin » qui a le pouvoir d'exaucer tous les souhaits de son propriétaire. L'antiquaire met en garde le jeune homme : la peau rétrécit à chaque fois qu'un vœu se réalise et la disparition complète du talisman correspondrait à la mort de celui qui le possède. Raphaël, qui n'a pas peur de mourir puisqu'il voulait se suicider, accepte le pacte. Son premier vœu est d'assister à une orgie luxueuse. En sortant du magasin d'antiquités, il tombe sur des amis qui lui proposent d'aller à une fête organisée par un certain Taillefer, banquier de son état. À l'hôtel du banquier, le vin coule à flots et Raphaël aborde plusieurs courtisanes : son premier vœu se réalise. La deuxième partie, « La femme sans cœur », est le récit autobiographique que fait Raphaël à son ami Émile à la soirée de Taillefer. On y apprend qu'il a vécu sous le contrôle d'un père tyrannique et autoritaire. À la mort de ce dernier, Raphaël, alors âgé de 22 ans, s'installe dans un hôtel tenu par une certaine Madame Gaudin et sa fille Pauline, et il rédige une comédie et un ouvrage philosophique. Raphaël aime Pauline mais n'envisage pas de l'épouser en raison de sa pauvreté : il ne désire vraiment que les femmes qui vivent dans le luxe. Son ami Rastignac lui présente la comtesse Fœdora, dont Raphaël tombe amoureux. Lorsqu'il lui déclare sa flamme, la comtesse se moque ouvertement de lui et Raphaël, au comble du désespoir, n'a qu'une idée en tête : mourir. Raphaël, qui se trouve toujours chez le banquier Taillefer à la fin de sa confession, montre la peau de chagrin à Émile et fait le vœu de devenir riche. Il est aussitôt exaucé, mais la peau rétrécit. La troisième partie a pour titre « L'agonie ». Raphaël a décidé de réprimer tous ses désirs, de peur de faire rétrécir la peau. Il a banni les verbes « vouloir », « souhaiter », « désirer » de son vocabulaire. Furieux, il jette la peau dans un puits. Il retrouve Pauline, devenue riche, avec qui il vit de beaux moments d'amour. Mais un jardinier lui rapporte la peau qui est restée sèche. Raphaël, de plus en plus malade, se rend à Aix-les-Bains pour se reposer, mais il use plusieurs fois du pouvoir de la peau. Il meurt en essayant d'étreindre Pauline.

La Peau de chagrin

Honoré de Balzac 1831

C'est à Tours, le 20 mai 1799, que naît Honoré de Balzac au sein d'un milieu bourgeois. En 1814, sa famille s'installe à Paris et Honoré s'inscrit à la faculté en 1816. À l'âge de 20 ans, reçu au baccalauréat en droit, il s'oriente vers la philosophie et la littérature et publie dans un premier temps des romans mineurs sous divers pseudonymes, comme *Annette et le Criminel* (1824), signé Horace de Saint-Aubin. En 1829 paraît la première œuvre signée de son nom, *Les Chouans*. De 1830 à 1833, Balzac se livre à une importante activité journalistique, écrivant à la fois au *Feuilleton des journaux politiques*, à *La Caricature*, au *Temps*, à *La Silhouette*. Dans le même temps, il fréquente les salons mondains parisiens où il puise de quoi étayer ses romans. En 1835, la publication du *Père Goriot* marque le début de la construction gigantesque que représente *La Comédie humaine*. C'est à partir de cette œuvre que le système romanesque balzacien, fondé sur le procédé du retour des personnages, se met vériablement en place. En 1839, il devient président de la Société des gens de lettres. Il est le premier en France à défendre le droit d'auteur. Il signe en 1841 un contrat pour la publication de ses œuvres complètes sous le titre *La Comédie humaine*. À l'âge de 51 ans, il épouse Madame Hanska, une comtesse polonaise avec qui il entretenait une correspondance depuis plus de quinze ans. Quelques mois plus tard, en août 1850, Honoré de Balzac meurt, après avoir écrit plus de 95 romans.

① La structure du récit

La Peau de chagrin est un roman construit en trois parties distinctes, intitulées respectivement « Le talisman », « La femme sans cœur » et « L'agonie ». Un épilogue de deux pages vient conclure le récit. La structure du roman, malgré ce découpage en parties, semble à première vue incohérente. La deuxième partie, « La femme sans cœur », crée une véritable coupure dans la narration puisque Raphaël, dans un récit autobiographique, raconte son passé. C'est un moyen pour Balzac d'expliquer son désespoir et l'envie qu'il a eue de se suicider, mais, de toute la partie, la peau n'est jamais mentionnée ni même évoquée. Ainsi, la première partie, centrée sur le magasin d'antiquités et sur la signature du pacte, et la troisième partie, qui replace la peau et le merveilleux au centre du récit, semblent très éloignées. Cette discontinuité est soulignée par la narration : alors que la première et la dernière partie sont prises en charge par un narrateur anonyme à la troisième personne du singulier, un narrateur extradiégétique, la deuxième partie est prise en charge narrativement par Raphaël, un narrateur autodiégétique. Pour autant, l'unité du roman est prise en charge par des motifs communs qui se retrouvent d'une partie à l'autre, comme l'orientalisme qui apparaît dans le magasin d'antiquités, mais aussi dans le salon de Fœdora dans la deuxième partie, et dans la rue de Varenne dans la troisième.

② Les personnages masculins

Raphaël est le seul personnage de *La Peau de chagrin* qui est développé. Il est présent pendant tout le roman, du début à la fin, puisque le narrateur ne fait part que des événements auxquels le jeune homme participe. En outre, la seconde partie du récit est une longue confession à la première personne concernant le passé du personnage. Ce dernier a la densité d'un vrai héros de roman. C'est un jeune homme blond, à la peau pâle. Il est maigre, efféminé, et son apparence physique est détériorée par une maladie pulmonaire. Du côté de son caractère, c'est un personnage qui est fasciné par la richesse et par la vie luxueuse. Il rêve de se faire aimer d'une femme de la haute société. Il rêve de célébrité et de reconnaissance, qu'il espère atteindre par les œuvres qu'il écrit puis par les femmes qu'il courtise. Il n'est pas pour autant frivole, et s'attache à apprendre des êtres et des choses de la vie. Les autres personnages masculins du roman sont, pour la plupart, des vieillards. L'antiquaire a une apparence physique peu engageante, mais représente le savoir. Les savants et les médecins, à l'exception d'Horace Bianchon, sont de vieux docteurs qui ne sont pas sans rappeler ceux des pièces de Molière. Enfin, Raphaël fait la connaissance de M. de Valentin, comparé à un « squelette » d'un vieillard de 102 ans.

③ Les personnages féminins

Quatre personnages féminins se distiguent dans *La Peau de chagrin* et fonctionnent par couples. On peut, en effet, opposer les deux courtisanes, Aquilina et Euphrasie, et les deux femmes dont tombe amoureux Raphaël, Fœdora et Pauline. À la fête donnée par le banquier Taillefer, Raphaël aborde deux courtisanes très différentes l'une de l'autre. Aquilina est un personnage féminin sensuel et voluptueux, aux formes pulpeuses et au tempérament de feu, tandis qu'Euphrasie est petite, fragile, frêle et glaciale. Les deux femmes aimées par Raphaël sont aussi construites en opposition l'une avec l'autre. À la fin de l'épilogue, le personnage de Fœdora nous est clairement présenté comme le symbole de la société : femme sans cœur, elle représente le luxe et les richesses auxquels Raphaël aspire. Si elle se lie avec lui, c'est uniquement par intérêt, puisqu'il est le cousin du duc de Navarreins, qu'elle cherche à atteindre. Malgré sa séduction inégalable, elle n'a pas d'âme ni de sentiments. Pauline, dans l'épilogue, est présentée comme le symbole de l'inspiration poétique, mais aussi comme le symbole maternel. C'est elle qui s'occupe concrètement du jeune homme, en lavant son linge, en lui préparant du lait chaud. Raphaël ne tombe amoureux de Pauline que lorsqu'elle devient riche. C'est aussi un danger : c'est son désir pour elle qui finira par le tuer.

④ Un roman réaliste

La composition en trois parties de *La Peau de chagrin* semble dire que Balzac a hésité entre plusieurs genres. La première partie est un roman réaliste, la deuxième un récit autobiographique et la dernière est écrite comme un conte réaliste. Lorsque l'on évoque le réalisme, on fait, la plupart du temps, référence à un courant dont Balzac a été le précurseur avec *La Comédie humaine*. Le roman réaliste est constitué de personnages extrêmement bien établis, qui possèdent une identité, une psychologie, une histoire personnelle qui sont approfondies par l'écrivain. Dans le roman réaliste, deux choses se distinguent : le désir de ne pas enjoliver la vie, de décrire la réalité telle qu'elle est, même avec ses mauvais côtés ; et le désir d'analyser les mécanismes de la société telle qu'elle est, d'examiner l'histoire à l'échelle des personnages. Au vu de cette définition, *La Peau de chagrin* est un roman réaliste. Placé dans un espace-temps parfaitement reconnaissable – le Paris de l'année 1830 –, le roman décrit très précisément les différentes couches qui constituent la société française à l'époque de Balzac. En effet, d'une manière presque journalistique, l'écrivain passe en revue les journalistes, les scientifiques, les médecins, les paysans, les aristocrates qui forment la société de la monarchie de Juillet, dans une France qui n'arrive pas à se remettre de la période napoléonienne.

⑤ La confession de Raphaël

La deuxième partie du roman, entièrement consacrée au récit, par Raphaël, de sa vie entière, s'inscrit dans le genre du texte autobiographique. L'autobiographie en tant que texte écrit à la première personne apparaît en France vers les années 1780, avec notamment la publication posthume des *Confessions* de Jean-Jacques Rousseau. Ce dernier, pour la première fois dans l'histoire de la littérature française, expose les événements intimes qui l'ont constitué en tant qu'homme. L'écriture à la première personne est à la mode à l'époque de Balzac : les premiers journaux intimes sont en train d'apparaître et les mémoires ont un grand succès, que connaissent par exemple les *Mémoires d'outre-tombe* de Chateaubriand (1850). Le roman réaliste qu'était *La Peau de chagrin* dans la première partie se transforme en une autobiographie fictive. Raphaël fait part du récit de sa vie : la narration à la troisième personne de la première partie du texte laisse place à une narration à la première personne du singulier. Comme dans les *Confessions* de Rousseau, ce sont l'histoire du « moi » et la description de la vie intime qui sont mises en avant. *« Vue à distance, ma vie est comme rétrécie par un phénomène moral »*, explique le personnage Raphaël, se livrant à un véritable examen de son parcours personnel qui l'a amené de la pauvreté de jeune étudiant à la haute société et sa corruption.

⑥ Un conte fantastique

Le texte de *La Peau de chagrin* est un roman mais ressemble, par plusieurs aspects, à un conte. La peau mystérieuse, les richesses soudaines du jeune héros mais aussi de Pauline sont des éléments qui rappellent les contes populaires ; les personnages qui n'ont pas de véritable identité mais qui sont des symboles rappellent les contes philosophiques. Selon Tzvetan Todorov (dans son *Introduction à la littérature fantastique*, paru en 1970), le fantastique se définit par l'introduction brusque d'éléments surnaturels au sein d'une situation quotidienne. C'est précisément ce que met en scène Balzac dans *La Peau de chagrin* : dans un espace-temps qu'il s'attache à décrire comme tout à fait réel – le Paris de l'année 1830 –, un jeune homme découvre une mystérieuse peau qui a le pouvoir d'exaucer tous ses vœux mais qui rétrécit jusqu'à disparaître en même temps que son propriétaire : le fantastique entre dans le roman avec le talisman. Le fantastique se définit aussi par l'hésitation dans laquelle il plonge le lecteur. En effet, un texte n'est fantastique que s'il fait constamment hésiter le lecteur entre deux interprétations : soit on décide que le phénomène est surnaturel, soit on se croit victime d'une illusion. C'est le cas avec *La Peau de chagrin*. On peut penser que le talisman a vraiment un pouvoir magique, ou bien que le récit est une suite de coïncidences.

⑦ Un texte philosophique

La Peau de chagrin est classée, par Balzac lui-même, dans la partie de *La Comédie humaine* intitulée « Études philosophiques ». En effet, le texte a une signification qui excède le récit. En écrivant l'histoire de la peau magique, Balzac propose à ses lecteurs de lire sa propre conception de l'existence humaine. La peau est un miroir de la vie de Raphaël, et, d'une manière plus générale, un miroir de la vie humaine. Balzac expose donc sa théorie : pour lui, l'homme possède une quantité d'énergie restreinte et la vie n'est en fait que le temps que l'on met à l'épuiser complètement. La peau, plus loin que le symbole de la vie, est aussi la métaphore du désir. Raphaël le dit lui-même lorsqu'il révèle à Pauline l'existence de la peau : *« Ceci est un talisman qui accomplit mes désirs, et représente ma vie. »* La peau est le symbole du désir charnel que ressent Raphaël pour Pauline : même non formulé, ce désir qu'il ressent pour la jeune femme est enregistré par la peau qui le « décompte » et finira d'ailleurs par le tuer, puisque c'est en voulant posséder Pauline qu'il poussera son dernier soupir. La peau qui rétrécit est le symbole de la vieillesse qui gagne chaque homme : au fur et à mesure que le talisman se racornit, Raphaël se tasse et devient malade. En outre, la peau est le symbole de la corruption de la société : elle représente les richesses matérielles que désirent les hommes.

⑧ La description dans *La Peau de chagrin*

Balzac est un auteur qui utilise beaucoup la description, qui consiste à interrompre la narration pour dépeindre le cadre du récit, en faisant apparaître, souvent, la richesse le l'écriture. *La Peau de chagrin* comporte de nombreux passages descriptifs qui ont des fonctions différentes. La description peut avoir une fonction décorative, puisqu'elle peut prendre part, avec certaines figures de style, à l'ornement du discours. La description décorative a une fonction esthétique et une fonction récréative. Il s'agit de faire une pause dans le récit où le lecteur puisse admirer la virtuosité de l'écrivain : c'est le cas de la description du magasin d'antiquités au début du roman. La description, chez Balzac, a aussi une fonction réaliste : il s'agit de produire l'illusion de la réalité. On parle aussi de description référentielle : c'est le cas de la description du Mont-Dore. La description a également une fonction didactique ou informative. Dans *La Peau de chagrin*, c'est le cas lorsque Balzac décrit longuement la machine à presser du savant Planchette : il s'agit pour lui de faire part à ses lecteurs des découvertes scientifiques de son époque. Enfin, la description a une fonction narrative, ce qui signifie qu'elle apporte quelque chose au récit. Elle explique les réactions des personnages, des événements qui vont se passer. C'est un véritable élément de l'exposition.

9 L'écriture balzacienne dans *La Peau de chagrin*

La Peau de chagrin est un roman allégorique, et, en ce sens, l'écriture de Balzac est truffée de symboles. Ainsi, les lieux où se passent les événements de l'intrigue sont des symboles. La ville de Paris séparée en deux par la Seine est un espace symbolique, la rive droite étant décrite comme le monde de la luxure et de l'argent tandis que la rive gauche est celui de la misère et de l'insuccès. Balzac n'a de cesse d'introduire de l'ironie pour contrebalancer avec le fantastique. Ainsi, le magasin d'antiquités où Raphaël trouve la peau magique se situe quai Voltaire, Balzac s'amusant à faire apparaître le surnaturel dans un lieu au nom d'un grand représentant de la raison. Le texte étant symbolique, l'écriture de Balzac n'a que peu de subtilité, préférant les schémas bien reconnaissables par le lecteur : les femmes ont toutes le teint très pâle, les lèvres rouges et les cheveux noirs, par exemple. Aussi, il utilise beaucoup l'antithèse, comme c'est le cas pour les deux rives de Paris, opposées l'une à l'autre. C'est aussi le cas pour les scènes se déroulant en province qui contrastent avec les scènes de la vie parisienne, et pour Fœdora qui contraste, par sa froideur, avec l'amour de Pauline. Le visage de Raphaël est lui-même décrit avec des antithèses : *« Les ténèbres et la lumière, le néant et l'existence s'y combattaient en produisant tout à la fois de la grâce et de l'horreur. »*

10 La réception de l'œuvre

La Peau de chagrin, réimprimé de nombreuses fois, est le premier succès romanesque de Balzac. Il faut dire que l'écrivain s'est arrangé pour que son ouvrage ait une bonne presse : c'est lui-même qui a écrit des résumés qui paraissaient dans les journaux, et *Le Figaro*, *Le Globe*, *L'Avenir*, *Le Cabinet de lecture* ont laissé paraître des articles élogieux. De plus, les deux revues littéraires les plus importantes de son époque, la *Revue des deux mondes* et la *Revue de Paris*, ont publié des extraits de l'œuvre avant même sa sortie. Ce qui a contribué au succès du roman est son caractère fantastique, très en vogue à l'époque de Balzac et popularisé avec les nouvelles de Théophile Gautier. Le succès du roman, pourtant, diminue peu à peu, les lecteurs de Balzac étant plus sensibles à la description de la société dans ses autres œuvres, comme les *Illusions perdues* (1836). Les critiques universitaires, à la fin des années 1800, classeront Balzac parmi les écrivains réalistes, oubliant les œuvres du jeune Balzac où pointe le fantastique. C'est dans les années 1930 que le philosophe Alain remet *La Peau de chagrin* sur le devant de la scène. Puis l'œuvre connaît un regain de succès avec l'enthousiasme des critiques marxistes qui y lisent une critique des débuts du capitalisme. Puis les psychanalystes s'emparent à leur tour du roman, qui revient à la mode.

RÉSUMÉ

Paris, novembre 1819 : à la sordide pension Vauquer habitent plusieurs personnages intrigants. Parmi eux, Mme Vauquer, âgée d'une cinquantaine d'années ; Mlle Michonneau et M. Poiret, une vieille fille et un ancien employé inséparables ; Victorine Taillefer, une jeune héritière rejetée par son père ; Eugène de Rastignac, un étudiant provincial naïf mais ambitieux, venu à Paris faire des études de droit ; M. Vautrin, un colosse impressionnant et mystérieux ; et enfin le père Goriot, un vieil homme qui mène une vie misérable et qui reçoit de temps à autre de jeunes femmes qu'il dit être ses filles. Moqué par les pensionnaires, ce dernier provoque chez Rastignac une vive curiosité.

En rendant visite à sa cousine, la vicomtesse de Beauséant, Rastignac apprend la vérité sur le père Goriot. L'homme est un ancien vermicellier qui voue un amour sans limite à ses deux filles : Delphine, qui a épousé un banquier, baron de Nucingen, et Anastasie, devenue comtesse de Restaud après un mariage dans la haute société. Le père Goriot, asservi par une passion paternelle dévorante, a promis à chacune de ses deux filles la moitié de sa fortune malgré le mépris que celles-ci lui témoignent. Rastignac décide d'entrer à son tour dans les soirées mondaines parisiennes et demande pour cela de l'argent à sa famille. Vautrin dévoile à Rastignac la dureté des rapports sociaux et la loi de l'intérêt. Il finit par lui exposer un plan qu'il a conçu pour que l'étudiant puisse vite réussir dans la vie parisienne : courtiser Victorine Taillefer et l'épouser pour profiter de son riche héritage. Vautrin se chargerait de faire tuer le frère de la jeune fille afin qu'elle soit la seule à profiter de l'argent familial. Rastignac refuse avec véhémence et se décide à courtiser Delphine de Nucingen qu'il a rencontrée grâce à sa cousine. À la pension Vauquer, Mlle Michonneau et M. Poiret, intéressés par l'argent, marchandent leur collaboration avec le policier Gondureau afin de percer à jour la véritable identité de Vautrin. L'homme est en réalité un forçat évadé qui a pour surnom Trompe-la-Mort. Juste avant de se faire arrêter, Vautrin parvient à ses fins en faisant assassiner le frère de Victorine Taillefer. Rastignac, de son côté, vit des jours heureux avec Delphine, devenue sa maîtresse, dans la garçonnière que leur a aménagée le père Goriot. Ce dernier, épuisé par les caprices constants de ses filles, fait une crise d'apoplexie après une visite de Delphine et Anastasie venues lui demander de l'argent pour combler leurs dettes. Seul Rastignac, aidé par Bianchon, un pensionnaire externe, veillent l'agonie du vieillard abandonné de tous, qui meurt dans l'indifférence générale. Rastignac enterre le pauvre homme puis lance un défi à Paris, du haut du Père-Lachaise : *« À nous deux maintenant ! »*

Le Père Goriot

Honoré de Balzac **1835**

C'est à Tours, le 20 mai 1799, que naît Honoré de Balzac au sein d'un milieu bourgeois. En 1814, sa famille s'installe à Paris et Honoré s'inscrit à la faculté en 1816. À l'âge de 20 ans, reçu au baccalauréat en droit, il s'oriente vers la philosophie et la littérature et publie dans un premier temps des romans mineurs sous divers pseudonymes, comme *Annette et le Criminel* (1824), signé Horace de Saint-Aubin. En 1829 paraît la première œuvre signée de son nom, *Les Chouans*. De 1830 à 1833, Balzac se livre à une importante activité journalistique, écrivant à la fois au *Feuilleton des journaux politiques*, à *La Caricature*, au *Temps*, à *La Silhouette*. Dans le même temps, il fréquente les salons mondains parisiens où il puise de quoi étayer ses romans. En 1835, la publication du *Père Goriot* marque le début de la construction gigantesque que représente *La Comédie humaine*. C'est à partir de cette œuvre que le système romanesque balzacien, fondé sur le procédé du retour des personnages, se met vériablement en place. En 1839, il devient président de la Société des gens de lettres. Il est le premier en France à défendre le droit d'auteur. Il signe en 1841 un contrat pour la publication de ses œuvres complètes sous le titre *La Comédie humaine*. À l'âge de 51 ans, il épouse Madame Hanska, une comtesse polonaise avec qui il entretenait une correspondance depuis plus de quinze ans. Quelques mois plus tard, en août 1850, Honoré de Balzac meurt, après avoir écrit plus de 95 romans.

① Les personnages masculins

Le Père Goriot est dominé par trois figures masculines magistrales, qui permettent de lire le roman de trois manières. Considéré sous l'angle du personnage éponyme (Goriot), c'est un roman de la passion démesurée de la paternité ; considéré sous l'angle de Rastignac, c'est un roman de formation ; considéré sous l'angle de Vautrin, c'est un roman de la séduction du mal.

Le père Goriot, environ 70 ans, est un ancien vermicellier qui s'est ruiné pour ses filles, Anastasie et Delphine, qui l'ont abandonné. Ce « Christ de la paternité », comme le nomme Balzac, est décrit comme malade des tourments de la passion qu'il porte à ses enfants et qui finiront par le tuer.

Rastignac, l'*alter ego* du romancier, est un étudiant né dans une famille noble mais sans le sou. Appâté par le luxe parisien, il va se faire corrompre par la haute société dans laquelle il espère s'insérer. Le roman décrit son trajet initiatique depuis la pension Vauquer jusqu'au salon de madame de Nucingen.

La figure de Vautrin est celle d'un homme supérieur. Décrit comme un colosse de 40 ans, il est l'image du bandit révolté contre la société. Il se fait l'initiateur de Rastignac en se chargeant de lui expliquer les ressorts d'un monde régi par l'argent, le crime et la loi de l'intérêt. Auréolé d'une grandeur épique dans les descriptions qui sont faites de lui, il devient, à la fin du roman, une personnification de Satan.

② Les personnages féminins

Le roman comporte plusieurs figures féminines importantes. En premier lieu, les deux filles du père Goriot. Anastasie de Restaud est la fille aînée du vieil homme, mariée au comte de Restaud, et maîtresse de Maxime de Trailles, un dandy libertin dont elle paie les lourdes dettes. Sa sœur cadette, Delphine de Nucingen, est mariée au baron de Nucingen, un riche banquier. Ce dernier ne lui donne pas assez d'argent, c'est pourquoi elle en demande constamment à son père. Elle devient la maîtresse de Rastignac et s'installe avec lui dans un petit appartement aménagé par le père Goriot, qui espère secrètement habiter avec les deux amants et quitter ainsi la pension Vauquer. D'autres figures féminines rythment le roman. Mme de Beauséant est une lointaine cousine de Rastignac qui devient, au fil du récit, son initiatrice dans le monde du faubourg Saint-Germain. Enfin, Victorine Taillefer est une jeune fille habitant à la pension Vauquer qui tient un rôle secondaire mais néanmoins important dans l'intrigue du roman. Deshéritée par un père richissime, elle est au cœur du plan machiavélique imaginé par Vautrin qui veut faire assassiner son frère et la marier à Rastignac afin de favoriser l'arrivisme du jeune homme. Sa douceur et sa sensibilité contrastent avec l'ingratitude et le mépris qui caractérisent les filles de Goriot.

③ La question du point de vue et la construction du roman

Le Père Goriot est écrit du point de vue d'un narrateur omniscient, qui s'adresse au lecteur dès le début du roman : *« Vous qui tenez ce livre d'une main blanche. »* Pour autant, le narrateur ne se contente pas de décrire les choses qu'il voit. Il se permet de juger, de commenter les choses qui l'entourent, comme s'il était lui-même un locataire de la pension Vauquer. Ce parti pris narratif permet à Balzac de ne pas tout dévoiler de ses personnages, de laisser le mystère planer en ne distillant que quelques informations. Il peut ainsi exercer son style romanesque : le narrateur, ne sachant pas tout de ce qui l'entoure, transpose la réalité vers la généralité. L'individu est assimilé à une typologie, l'une des caractéristiques du style balzacien. Au cours du roman, le narrateur délègue ses facultés à Rastignac, nous livrant ainsi le point de vue du héros.

Le Père Goriot est composé de quatre chapitres : « Une pension bourgeoise », « L'entrée dans le monde », « Trompe-la-Mort » et « La mort du père ». Cette structure dramatique organise le roman selon quatre actes : une longue exposition qui donne à voir les différents personnages et le cadre dans lequel ils vont évoluer, le nœud de l'action, les coups de théâtre du chapitre III, lequel se termine sur un faux dénouement qui est l'arrestation de Vautrin, et enfin le vrai dénouement que représente la mort du père Goriot.

④ Le thème de la paternité

Le titre du roman met en évidence le thème de la paternité que le texte va laisser apparaître, tout en jouant d'une manière ambiguë avec le mot « père ». D'une part, c'est l'appellation populaire d'un homme âgé et ainsi que les pensionnaires de la maison Vauquer appellent le vieil homme dont ils se moquent. D'autre part, le titre laisse entrevoir les différentes trames du récit qui auront comme point commun la paternité : celle, charnelle, du père Goriot, mais aussi la paternité morale de Vautrin envers Rastignac. Goriot aime ses deux filles d'une passion démesurée, ce qui le conduira à la mort. Il accepte tout d'elles, se pliant au moindre de leurs caprices. Sur son lit de mort, il se livre à un examen de conscience où il comprend que c'est sa gentillesse qui a corrompu ses enfants, et qu'il aurait fallu être un père plus ferme. Un autre aspect de la paternité est essentiel dans l'œuvre balzacienne, et d'une manière spécifique dans *Le Père Goriot*. Si Balzac fait dire au vieillard : *« Quand j'ai été père, j'ai compris Dieu »*, c'est pour expliquer que le père Goriot, souffrant d'une passion quasi christique pour ses filles, ne vit que par elles. Le thème de la paternité prend alors un nouvel aspect, puisque cette condition est aussi celle de l'auteur qui, en donnant vie aux personnages de *La Comédie humaine*, atteint une compréhension supérieure du monde, celle du Créateur.

⑤ Un roman d'apprentissage

Le Père Goriot marque la première apparition d'Eugène de Rastignac dans *La Comédie humaine*. C'est un jeune homme de 21 ans issu d'une famille noble mais pauvre et qui découvre, en arrivant à Paris pour ses études, le monde de la haute société. En quelques mois, Rastignac passe de l'adolescent naïf regrettant la douce vie de famille en province à l'arriviste ambitieux prêt à tout pour réussir dans le grand monde. En cela, *Le Père Goriot* est considéré comme un roman de formation ou roman d'apprentissage, c'est-à-dire un roman qui donne à lire l'évolution d'un jeune personnage plein d'illusions et qui décrit la confrontation des illusions de cette personne avec la réalité du monde. Eugène de Rastignac passe par trois grandes étapes initiatiques. Avec sa cousine, Mme de Beauséant, il découvre les lois qui régissent le monde des femmes et des sentiments, ainsi que les codes de la mondanité. Vautrin lui révèle la noirceur de la société où tous les moyens sont bons pour parvenir à ses fins. Enfin, le père Goriot le confronte à la mort et l'instruit sur le caractère dangereux de la passion. En parcourant Paris lors de ses nombreux trajets, Rastignac explore en fait la société, les distances spatiales correspondant aux distances sociales. Au terme de son apprentissage, il se trouve en haut du Père-Lachaise, dominant Paris physiquement avant de dominer la ville socialement.

⑥ La ville de Paris dans *Le Père Goriot*

Le Père Goriot est un roman réservé à un lecteur parisien, comme l'indique cette phrase au début du texte, au sujet de l'histoire : *« Sera-t-elle comprise au-delà de Paris ? le doute est permis. »* Paris constitue en effet un personnage à part entière de *La Comédie humaine*, tant la description et l'analyse de ses différents quartiers occupent une place importante dans l'œuvre. *Le Père Goriot* s'ouvre sur une longue description du quartier de la rue Neuve-Sainte-Geneviève et se termine par la vue sur la capitale depuis le cimetière du Père-Lachaise. Si la ville a tant d'importance pour Balzac, c'est qu'il s'intéresse moins à son caractère pittoresque qu'à son caractère moral. En empruntant le point de vue narratif d'Eugène de Rastignac, Balzac met en opposition la province et la capitale. Pour le jeune étudiant, la province représente un lieu calme et pur où le bonheur est idyllique, mais aussi un endroit où la pauvreté est palpable. Même si Paris lui apparaît comme une *« savane »* ou *« une forêt du Nouveau Monde »* où la *« vie [...] est un combat perpétuel »*, la capitale luit pour le jeune homme d'une aura extraordinaire en raison du luxe qu'il y observe. C'est cette image de la Ville Lumière qui poussera Rastignac vers la haute société, où il perdra petit à petit la pureté et l'intégrité morale que lui avait enseignées sa jeunesse en province.

7 L'amour, le mariage et la condition féminine

Le Père Goriot met en scène plusieurs couples, mais aucun n'est équilibré et ne vit heureux. En effet, les femmes mariées ont toutes un amant qu'elles préfèrent à leurs maris, peu amoureux, qui les délaissent ou les trompent. D'ailleurs, au courant des liaisons qu'entretiennent leurs femmes, ils ne s'en soucient guère, à l'image de M. de Restaud qui reçoit chez lui Maxime de Trailles, l'amant de sa femme. Pour autant, les amants ne rendent pas les femmes heureuses, les quittant souvent à leur tour pour d'autres femmes plus aisées, car la conception balzacienne du mariage mêle vie conjugale et questions d'argent. L'auteur de *La Physiologie du mariage* (1829) adopte un point de vue très cynique concernant l'amour, qui ne semble pas exister dans la société dépeinte dans *Le Père Goriot*. Là où l'ambition domine, où la loi de l'intérêt est la plus forte, les mariages sont presque toujours intéressés et la condition féminine est désastreuse. Les femmes sont vues par les hommes comme des moyens de parvenir dans la société ou de s'enrichir. Ainsi, M. de Nucingen vole la dot de Delphine pour faire des affaires. *Le Père Goriot* présente avec noirceur le mariage comme une entreprise synonyme de douleur, de trahison, de violence et de désespoir. Le père Goriot, à l'agonie, supplie d'ailleurs à la fin du roman : « *Pères, dites aux Chambres de faire une loi sur le mariage.* »

8 Le réalisme

À la deuxième page du *Père Goriot*, Balzac écrit : « *Ah ! sachez-le : ce drame n'est ni une fiction ni un roman. All is true, il est si véritable, que chacun peut en reconnaître les éléments chez soi, dans son cœur peut-être.* » En aiguisant la curiosité du lecteur, l'auteur fait en quelque sorte un pacte de vérité. L'ambition de l'écrivain est non seulement de dépeindre sans mentir la société telle qu'il la connaît, mais surtout de l'analyser et de la commenter. Ainsi, la description de la pension de Mme Vauquer, qui ouvre le roman, va plus loin que la reproduction d'un décor. Il s'agit de faire voir au lecteur le sens caché du monde qui l'entoure. Pour pouvoir « *daguerréotyper une société* », comme il en formule le souhait dans la préface de *Splendeurs et Misères des courtisanes*, Balzac choisit de ne décrire dans ses romans que des situations et des personnages vraisemblables, et non des choses exceptionnelles. Il énonce l'idée, dans sa lettre sur la littérature, que « *les héros doivent être des généralités* ». Pour servir le réalisme de ses romans, il propose des types de personnages dont les caractéristiques morales offrent une analyse de la société dans son ensemble. Ainsi, Rastignac incarne le type de l'étudiant exalté par le luxe de Paris, Vautrin le type de l'homme révolté dans la force de l'âge et, par leurs portraits, ils contribuent à rendre l'esprit d'une époque.

9 Les techniques romanesques à l'œuvre dans *Le Père Goriot*

La description balzacienne a pour but de dévoiler les relations qui existent entre les hommes et l'environnement dans lequel ils vivent. En effet, pour Balzac, il existe une harmonie entre les êtres et le lieu. Ainsi, *Le Père Goriot* s'ouvre sur une longue description de la pension Vauquer comme un endroit sordide afin de faire comprendre au lecteur qu'il va s'y passer une histoire tragique. La description, pour Balzac, est aussi un moyen de mettre en avant le narrateur. Jamais neutre ou impartiale, elle provient d'un narrateur qui porte un jugement sur ce qu'il voit, qui commente, et qui profite de cet outil romanesque pour éclairer la psychologie des personnages.

De fait, l'art du portrait balzacien repose sur la même idée. Plein de la théorie physiognomonique selon laquelle les traits du visage d'un homme reflètent son âme, Balzac écrit d'abord le portrait physique d'un personnage pour mieux écrire son portrait moral. Ainsi, la description de Mme Vauquer, dans la scène d'ouverture du roman, est une description complexe mêlant un portrait physique, une description du lieu qu'elle a construit à son image et des éléments de son histoire personnelle. L'ensemble est dominé par un principe que Balzac résume en une phrase : *« Toute sa personne explique la pension comme la pension implique sa personne. »*

10 Le retour des personnages et *La Comédie humaine*

Avec *Le Père Goriot*, Balzac inaugure la technique romanesque du retour des personnages, qui est l'idée fondamentale de son œuvre. Elle consiste à faire naviguer les mêmes personnages d'un roman à l'autre de sorte que l'ensemble des ouvrages constitue l'histoire d'une société entière. Ainsi, on retrouve Eugène de Rastignac dans 26 romans. Dans *Le Père Goriot*, c'est un étudiant sans le sou, mais le lecteur le retrouve en passe de devenir ministre, âgé alors de 38 ans, dans *La Maison Nucingen* (1837). Ce procédé permet à Balzac de construire de nouvelles intrigues en utilisant des personnages dont le lecteur connaît déjà le caractère et le passé. Si chaque roman instruit le lecteur sur un petit bout de la vie d'un personnage, seule la lecture de *La Comédie humaine* en son entier permet de reconstituer le puzzle complet.

La Comédie humaine est une entreprise colossale. Balzac avait pour but de « rendre l'esprit d'une époque » (préface de *Splendeurs et Misères des courtisanes*, paru en 1844) et il a, en ce sens, subdivisé son œuvre en trois sortes d'études : les Études de mœurs, les Études philosophiques et les Études analytiques. Les Études de mœurs comptent le plus grand nombre de romans. En tout, 91 romans ont été publiés, et plus de 4 000 personnages ont été créés dans cette production hors du commun.

RÉSUMÉ

Les Fleurs du mal est un recueil de poèmes, comprenant quasiment l'intégralité des compositions poétiques de Charles Baudelaire depuis 1840. La majeure partie des *Fleurs du mal* a été publiée dans des revues – au moins dix-huit, notamment dans la fameuse *Revue des deux mondes* –, avant d'être regroupée en recueil, mais elle comporte également des poésies inédites. *Les Fleurs du mal* est structuré en six groupements de pièces poétiques. Le premier texte, « Au lecteur », fait office à la fois d'introduction et de pacte de lecture. Puisque ce recueil est composé comme un voyage que le lecteur entreprendrait, avec six escales, Baudelaire prévient : ici, le genre humain se confronte à sa déchéance, à sa lâcheté, au mal, à l'expérience de l'ennui mais aussi à la beauté. Après cette présentation, le lecteur embarque donc pour une première étape, « Spleen et Idéal », composée de quatre-vingt-cinq poèmes. Il y est question de la distorsion inéluctable entre ennui, mélancolie (spleen) et aspiration artistique à la grandeur, à l'Idéal, qu'affrontent les hommes et l'artiste surtout. Deuxième escale, en trente poèmes, Paris, et ses « Tableaux parisiens ». Petites scènes de la vie citadine, Parisiens portraitisés comme s'ils faisaient partie d'une grande ruche dynamique, Baudelaire y écrit sa peur du vide et le malheur. Face à l'angoisse, « Le vin », troisième groupement de cinq poèmes, vient apaiser l'âme du poète. Il est le premier des « paradis artificiels », avant même le haschich ou l'opium. Aidé des vapeurs d'alcool, enfin délesté de ses idées noires, le poète peut ouvrir un chapitre sensuel, sexuel, celui des « Fleurs du mal », composé de neuf pièces poétiques. Il y est question de luxure, de chair et de stupre ; d'homosexualité féminine, aussi, à propos de laquelle la prose se fait provocatrice, et défie les vieux et ennuyeux codes bourgeois. Cette partie se veut transgressive et célèbre le désir comme une fatalité, comme un instinct irrépressible. « Révolte », trois poèmes en son sein, succède au chapitre sensuel. Baudelaire y attaque la question de la spiritualité, révoquant le culte de Dieu pour lui substituer celui du diable, plus amène avec les dandys déchus. « La mort » arrive enfin. En six poèmes, elle soulage et vient guérir des plaies de l'existence. C'est le dernier voyage.

Les Fleurs du mal

Charles Baudelaire **1857**

Charles Baudelaire (1821-1867) est né à Paris. Son père, un homme lettré, déjà sexagénaire à sa naissance, meurt lorsque Baudelaire n'a que six ans. Sa mère épouse en secondes noces l'officier Jacques Aupick, avec lequel il ne s'entendra jamais. Son beau-père, opposé à ce qu'il écrive de la poésie, l'envoie après le baccalauréat en voyage aux Indes. Baudelaire regagne Paris en 1841 et commence une liaison avec Jeanne Duval. Il mène une vie de stupre, se fait critique d'art et journaliste. Il entame l'écriture des *Fleurs du mal*, son œuvre majeure. Dès 1843, il s'initie aux « paradis artificiels », consomme de l'opium et est membre du Club des Haschichins. Cette expérience débouchera sur l'écriture de plusieurs pièces importantes dans l'œuvre baudelairienne. En 1848, Baudelaire s'engage avec les républicains et participe aux barricades. Il fonde un journal, qui s'arrêtera au deuxième numéro. Deux mois après la publication des *Fleurs du mal* en 1857, il est poursuivi pour « outrage à la morale publique et aux bonnes mœurs ». Sur l'intervention de l'impératrice Eugénie, l'amende à laquelle il est condamné est réduite, mais six poèmes sont retirés du recueil. Le poète change souvent de maîtresse, vit chichement, s'endette, et s'exile momentanément en Belgique en 1864. Il meurt de la syphilis en 1867. Baudelaire est également l'auteur de *L'Œuvre et la Vie d'Eugène Delacroix* (1863) ou encore du *Spleen de Paris* (1869). Il traduit aussi plusieurs écrits d'Edgar Allan Poe.

① Le procès du scandale

La première publication sous forme de recueil des *Fleurs du mal* date de juin 1857. Dès le mois de juillet, la Sûreté attaque Baudelaire et ses éditeurs en justice, sous le motif d'« outrage à la morale publique ». Une autre accusation, celle d'« outrage à la moralité religieuse », avait été envisagée avant d'être abandonnée. Plusieurs pièces du recueil, jugées pornographiques, furent mises en cause. Il est notable que le procureur, Ernest Pinard, qui plaida contre Baudelaire, s'était déjà chargé, l'année précédente, du réquisitoire contre *Madame Bovary* de Flaubert. Au terme du procès, Baudelaire fut condamné pour délit d'outrage public à payer trois cents francs d'amende, ses éditeurs durent payer cent francs d'amende, et six poèmes furent censurés. Baudelaire écrivit alors à l'impératrice Eugénie, l'implorant et plaidant qu'il ne disposait pas des moyens financiers suffisants, en tant que poète, pour payer l'amende. Suite à son courrier, elle sera réduite à cinquante francs. Les pièces censurées sont *Les Bijoux*, *Le Léthé*, *À celle qui est trop gaie*, *Lesbos*, *Femmes damnées* et *Les Métamorphoses du vampire*. Ces six pièces ne réintégreront pas le recueil et ne seront publiées qu'en 1869, dans un corpus posthume séparé intitulé *Complément aux Fleurs du mal*. L'éditeur de Baudelaire avait tenté de les faire publier dès 1866 mais en 1868 la justice le lui avait d'abord interdit.

② Poésie de la modernité, modernité de la poésie

La modernité de la poésie chez Baudelaire, c'est de faire de la poésie pour atteindre le Beau, dans sa forme « supérieure » sans se préoccuper de moralité. Aussi, si le poète échoue à atteindre le Beau, ce n'est que du fait de son écriture. En cela, la poésie de Baudelaire est résolument moderne : il ne s'agit plus d'enseigner, de professer, mais de créer de la beauté pour elle-même. Ici, le Beau est une extraction du Mal. L'inclusion de la laideur dans les thématiques baudelairiennes est une autre preuve de modernité. Celle-ci existe également dans son écriture en prose ; il n'utilise pas le rythme « traditionnel » d'alternance des rimes pour construire ses sonnets (voir, notamment, *À une passante*). Enfin, par les sujets évoqués (la chair, la violence), Baudelaire fait un tableau moderne des aspirations et de la lente décrépitude de l'homme, n'hésitant pas à l'y confronter directement, frontalement, par des mots crus, voire agressifs. Il en est ainsi dans « Danse macabre », où le poète se confronte à une vision particulière du Beau (n'affirmait-il pas : *« Le beau est toujours bizarre »* ?). Pour autant, Baudelaire ne fait pas de la modernité une condition ultime de l'art ; plutôt une composante. Dans *Le Peintre de la vie moderne*, il écrit : *« La modernité, c'est le transitoire, le fugitif, le contingent, la moitié de l'art, dont l'autre moitié est l'éternel et l'immuable. »*

③ La femme, vue par Baudelaire

Le féminin est toujours très présent chez Baudelaire, mais c'est dans la partie « Spleen et Idéal » qu'on distingue clairement les cycles amoureux qu'ont pu lui inspirer trois de ses principales maîtresses. Jeanne Duval, d'abord, la femme-vampire, madame Sabatier, ensuite, muse idéale et idéalisée, et Marie d'Embrun, enfin, avec qui il entretient une sorte d'amour fraternel. Mais on ne peut réduire la vision de la femme chez Baudelaire à des types extraits de ces cycles de l'Éros. En fait, chez le poète, la femme est un prétexte permettant à l'imagination de vagabonder. Elles ne sont pas tout à fait des personnes à part entière, à peine capables de *« discerner le corps de l'âme »*. Cependant, certains passages sont de véritables éloges aux femmes, en particulier dans le cycle concernant madame Sabatier. Mais s'agit-il de louer les femmes pour elles-mêmes ou pour l'inspiration qu'elles donnent ? Car chez Baudelaire, la femme est là pour érotiser, comme incarnation quasi satanique du désir, de sa force : *« La femme est fatalement suggestive ; elle vit d'une autre vie que la sienne propre ; elle vit spirituellement dans les imaginations qu'elle hante et qu'elle féconde »*, écrit le poète. Le problème, c'est que pour atteindre l'Idéal, il faudrait pouvoir conjuguer plaisir et désir. Or, *« le plaisir repose sur un malentendu »*, affirme Baudelaire. C'est l'impasse dans laquelle se niche la souffrance.

④ La contemplation comme nourriture du poète

Pour *« transfigurer le réel »*, pour créer du Beau, le poète doit contempler. Dans ses journaux, Baudelaire évoque de longues journées à observer, en suivant les gens dans les rues, à contempler le monde tourner et les rues fourmiller. Il ne s'agit pas de rêverie ou de flânerie ; la posture n'est pas passive. Observer les autres, c'est se mettre à leur place, comprendre leurs attitudes ou leurs réactions. C'est, dit Baudelaire, faire de la *« sainte prostitution de l'esprit »*. Prostitution, car il est question d'intimité. Sainte, parce que salutaire : elle lui permet de saisir les mécaniques humaines qu'il veut traiter. Le développement des grandes artères parisiennes, les évolutions inhérentes à la Révolution industrielle, favorisent cette contemplation tant discrète qu'abondante : les profils sont variés et authentiques, des mondes à mille lieues les uns des autres en étant si proches, si accessibles à vol d'oiseau. C'est par cette contemplation que peut se déclencher l'imagination du poète. Une imagination qui ne peut se nourrir, d'ailleurs, parfois qu'*a posteriori* des contemplations : le souvenir comme le rêve (voir « Rêve parisien »), magnifiés par l'esprit du poète, ont un rôle fondamental chez Baudelaire. Le temps du passé, ainsi, semble idéalisé. Que le souvenir soit réel ou non, plus ou moins fantasmé par l'esprit du poète, il est toujours symbole des temps heureux.

⑤ Le Beau, objet d'adoration pour Baudelaire

Baudelaire voue un véritable culte au Beau. Pour lui, le Beau réside dans la Nature, qui porte en elle le « climat du spleen ». Le spleen, c'est un climat complexe, douloureux, c'est un univers de vide. L'artiste tente de s'échapper de ce spleen, qui, par opposition, féconde l'Idéal, dans une unité paradoxale. Spleen et Beau sont liés, puisque apercevoir les marques de beauté que l'auteur recherche, c'est toucher, palper presque, les traces physiques du spirituel, du « plus grand ». Mais le Beau comme l'Idéal sont ambigus ; ils sont extraits du Mal. Pour Baudelaire, le contraire de la beauté, c'est la vulgarité. La beauté, parce qu'elle est du ressort du spirituel, est élevée – le poète est un peu privilégié car il peut s'y consacrer. Le vulgaire, au contraire, c'est la futilité des divertissements qu'on s'octroie à défaut de pouvoir s'élever. Si le poète accepte le spleen, c'est parce qu'il porte en lui la possible fécondation de l'Idéal, et donc les traces du Beau. De la même façon, si le poète ne repousse pas le Mal, c'est parce qu'il y voit l'une des composantes de l'Idéal… et l'une des sources du Beau. De nombreux poèmes du recueil sont l'illustration de cette relation Spleen/Idéal/Mal/Beauté : « Beauté » et « Idéal » mettent en avant la nature maléfique de ces deux thèmes ; « Le voyage » met en scène celui qui comprend que le monde est fait de vices, de péchés, d'illusions…

⑥ « *Extraire la Beauté du Mal* » ou transfigurer le réel

On l'a dit, le poète perçoit la Beauté à travers le Mal. Son but, c'est de *« transfigurer le réel »* ; pour cela, le poète doit *« extraire la Beauté du Mal »*. Baudelaire, on l'a dit, n'est pas un moraliste : ça n'est donc pas l'en purifier, mais simplement la chercher là où elle se trouve, y compris dans le Mal. Il a recours à un « maquillage », en jouant sur la sonorité des mots, la musicalité des syllabes, le rythme. Transfigurer, ce n'est pas transformer la nature des choses, cela passe par l'imagination du poète. C'est par la manipulation des mots que s'exerce l'art de l'artiste, et non par une peinture précise du réel ; Baudelaire a beaucoup critiqué les artistes qui s'attachaient à reproduire scrupuleusement le réel. Pour autant, la réalité transfigurée par l'imagination devient une « autre réalité » pour le poète, puisqu'il l'a créée. Dans « Le masque », où l'auteur met au jour les liens entre la beauté et la douleur, le masque est utilisé pour cacher la douleur, donner l'illusion de sa disparition. Mais l'illusion est imparfaite, puisque la douleur, soit le Mal, resurgit. La Beauté est donc naturelle. De même, « Le soleil » établit les liens, une analogie même, entre l'astre solaire et le poète, tous deux ayant pour destin celui de la transfiguration du réel. Comme le soleil par ses rayons, le poète éclaire le monde de nouveautés, et lui permet de s'améliorer esthétiquement.

7 De la souffrance du poète dans la création

On sait de Baudelaire qu'il souffrait de frénésie créatrice, qu'il lui était impossible de rester sans travailler. Ce sont dans ses poèmes réflexifs que son perfectionnisme se traduit le mieux. Mais pour créer, l'auteur doit accepter la solitude. Dans ses « Tableaux parisiens », les rencontres que fait Baudelaire mettent en lumière encore plus cruellement, par contraste, sa solitude. D'autre part, le poète doit être lucide pour que sa création soit forte : le sentiment de n'être pas en mesure d'atteindre l'Idéal rend encore plus pénible la création. Et comme le Mal règne en maître sur le monde, la seule consolation du poète est sa lucidité ; il a le statut, paradoxal, de « complice implicite » de Satan puisqu'il trouve de la Beauté dans le Mal. « Le cygne » est un poème intéressant : le poète s'y compare à l'animal, descendant à un rang sous-humain, tout en laissant ouverte la possibilité que l'animal soit un symbole divin. On interroge là la place du poète. En découle l'usage d'une certaine ironie, procédé essentiel au poète. On l'a dit, Baudelaire travaillait d'arrache-pied. Mais il était seul : comme dans « Le vin du solitaire », qui traite de la solitude du poète, peu reconnu, incompris – comme dans le poème du « Guignon », où l'œuvre est comparée au parfum d'une fleur rare, mettant en lumière l'impossibilité pour le poète de faire entendre sa sensibilité… Le poète a marqué *Les Fleurs du mal* de ces thèmes.

8 Le spleen, thème central dans la construction de l'œuvre

Thème principal du recueil, le spleen est une tonalité fortement représentée numériquement – la plupart des pièces poétiques traitent du sujet –, mais il concerne en fait la tonalité globale de l'œuvre : ce sentiment, mêlant angoisse et désolation, est mis en exergue au long du voyage littéraire proposé ici par Baudelaire, car l'Idéal dépend du spleen. C'est par la construction de son œuvre que Baudelaire met l'accent sur cette thématique. Ainsi, la première édition (1857) est structurée comme une tragédie, et la deuxième édition (1861) n'efface pas la portée du spleen : elle la renforce, au contraire, par des inversions de poèmes. Cela dit, on notera qu'à propos de cet ouvrage, les connaisseurs évoquent parfois une *« architecture secrète de l'œuvre »*, c'est-à-dire que sa construction, ou sa structure, peut être lue en fonction des cycles, des thèmes, de la vie de Baudelaire… Difficile, donc, de porter un jugement définitif sur l'importance donnée au spleen ici. Mais le climat de tragédie et de pessimisme reste très présent. Plusieurs poèmes en sont l'illustration : « Spleen », d'abord, une série de quatre compositions permettant aux lecteurs de découvrir toutes les facettes du spleen pour mieux l'appréhender, ou « De profundis Clamavi », où, outre le religieux évoqué, les thèmes de mélancolie, d'insensibilité féminine et de claustrophobie sont très prégnants.

9 Le thème de l'échec, l'échec face au temps

Pour Baudelaire, l'échec n'est pas seulement celui de la création, c'est l'échec face au temps, qui représente non seulement l'imminence de l'échec, mais surtout la perte progressive de toute capacité de création. Il faut comprendre que Baudelaire a pour angoisse profonde l'idée de son propre déclin. Le temps qui passe, c'est pour Baudelaire forcément une atteinte, un obstacle à l'art et à la vie. Mais le présent est aussi insupportable, en ce qu'il est égrainé de souvenirs, sources tant d'inspiration que de mélancolie. Le futur quant à lui n'est pas porteur d'espoirs mais ici encore d'angoisse, car le futur, c'est la promesse de la mort, alors que le dépassement de soi vers l'Idéal semble hors de portée. Enfin, le temps qui passe, c'est la possible évolution de la Nature, et avec elle la métamorphose du Beau. Plusieurs poèmes du recueil traduisent cette angoisse de l'échec face au temps : « L'horloge », par exemple, est empreint de cette thématique, qui signe l'échec du poète. Le seul Dieu est celui du temps – même si cette pièce comporte des allusions chrétiennes – qui anéantit l'œuvre et le poète lui-même. « L'ennemi », aussi, est une manière d'accuser le temps, ennemi qui *« ronge la vie »* du poète, et où le passé et le présent sont perçus comme des temps entre lesquels le vide s'installe. Il n'est pas anodin qu'à la fin du recueil soit développé le thème de la mort du poète.

10 Héritage littéraire de l'œuvre

Dans ce recueil se trouvent les racines de plusieurs mouvements littéraires, et notamment le symbolisme. À la fin du XIXe siècle s'est développée cette école, que Jean Moréas définit en 1886 dans *Un manifeste littéraire* : le symbolisme, c'est *« l'ennemi de l'enseignement, de la déclamation, de la fausse sensibilité, de la description objective »*, il cherche à *« vêtir l'Idée d'une forme sensible »*. Il s'agit de décloisonner l'expérience sensorielle (sons, couleurs, etc.) pour saisir la réalité immatérielle du monde, sa réalité irrationnelle et pourtant vraie. La beauté du vers y est d'une grande importance. Mallarmé notamment en sera un des chefs de file. D'autre part, s'il n'y est pas directement associé, Charles Baudelaire est considéré comme un artiste gravitant autour du mouvement des Parnassiens. Apparu dans la deuxième partie du XIXe siècle, celui-ci compte parmi ses membres Leconte de Lisle, Théophile Gautier ou Alfred de Vigny – qui soutint la vaine candidature de Baudelaire à l'Académie française. L'idée des Parnassiens est de nourrir l'œuvre de travail, de la dépouiller d'une trop grande personnalisation ou des effets d'un lyrisme grandiloquent. Enfin, le dandysme, héroïsme du quotidien autant que culte de soi-même comme si le moi était une œuvre, paraît indissociable de la vie de Baudelaire : la valorisation de la liberté, de la transgression, s'oppose aux vieux codes du monde bourgeois.

RÉSUMÉ

Georges Duroy est un sous-officier rendu à la vie civile, d'origine modeste. À Paris, il rencontre par hasard Charles Forestier, un journaliste politique avec lequel il avait servi sous les drapeaux. Celui-ci lui explique que le journalisme est un bon moyen de parvenir à ses fins, et l'invite à dîner afin de lui faire rencontrer le directeur de *La Vie française*, monsieur Walter, pour qui il travaille, des femmes et quelques journalistes. Ravi, assuré de rencontrer du beau monde, Georges Duroy se rend à ce dîner. Là, il obtient un franc succès en narrant ses souvenirs d'Algérie. Monsieur Walter lui commande un article sur ce sujet : le voilà embauché comme échotier. À *La Vie française*, il apprend les astuces du métier auprès de Saint-Potin, mais trébuche vite sur l'écriture du récit qu'on lui a commandé. Il se rend chez son ami Forestier, dont la femme, Madeleine, une journaliste brillante, lui enseigne comment construire son article. Sympathique, elle l'engage à rendre visite à Madame de Marelle, son amie qu'il a rencontrée au dîner. Georges Duroy s'exécute. Laurine, la fille de Clotilde de Marelle, le baptise « Bel-Ami », surnom qu'il conservera tout au long du roman. Auprès de cette femme mariée – mais dont le mari est absent –, Duroy s'initie aux plaisirs de la chair et aux ficelles du milieu. Entre-temps, Duroy prend de l'assurance et devient journaliste politique. Il fait son entrée dans la haute société. Toujours amant de Clotilde, il dit pourtant être tombé amoureux de Madeleine Forestier. Pendant ce temps, Charles Forestier, très malade, décède à Cannes. Madeleine, protégée par un riche ami, le comte de Vaudrec, et Georges décident de se marier. Cette association se doit d'être bénéfique aux deux époux : Madeleine entend être traitée d'égal à égal et ne pas avoir à justifier de ses activités. Bel-Ami abandonne Clotilde. Après une courte visite à ses parents en Normandie avec sa nouvelle épouse, il poursuit son installation dans la bonne société : Georges Duroy est anobli. Il devient Georges du Roy de Cantel. Il parvient également à séduire Madame Walter, l'épouse du patron, qui l'aide à investir de grandes sommes au Maroc, dans une affaire politico-financière réservée aux élites. Vaudrec meurt, laissant à Madeleine, et donc à son époux, une belle somme. Lorsque Bel-Ami comprend que Madeleine a elle aussi un amant, il la chasse – elle ne lui est plus très utile. Lassé de l'amour trop intense que nourrit Madame Walter pour lui, il l'abandonne à son tour, au profit de sa fille, Suzanne, une jeune héritière avec laquelle il noue un rapport plus fraternel, même s'il est peu habitué aux amours platoniques. Il parvient, après des difficultés, à épouser la fille de son patron. À l'église de la Madeleine, à Paris, Georges se marie avec Suzanne, sans pour autant oublier Clotilde, son véritable amour et double féminin.

Bel-Ami

Guy de Maupassant **1885**

Guy de Maupassant (1850-1893) est né à Tourville-sur-Arques, non loin de Dieppe. Il passe une enfance heureuse à Étretat auprès de sa mère, dans le cadre bucolique de la Normandie. Il entre au séminaire mais en est congédié car il est trop rationnel. Guy de Maupassant poursuit donc ses études au lycée de Rouen, où il écrit ses premières poésies, encouragé par son ami Louis Bouilhet. Après un passage par la garde mobile, le jeune homme prend, à 21 ans, un travail de commis dans un ministère. Il s'amuse durant ses heures de loisir dans les guinguettes des bords de Seine, tout en continuant à écrire des poèmes. Pendant ses années de jeunesse, il fréquente assidûment Gustave Flaubert, un ami d'enfance de sa mère, originaire de Normandie comme lui. Flaubert devient son maître, exerce son style, lui fait des « remarques, des conseils de pion ». En 1880, Maupassant publie la nouvelle *Boule de suif* : ce succès lui donne accès aux salons de la haute société, auprès de laquelle l'écrivain devient populaire. Émile Zola le reçoit. Au cours de la décennie suivante, il publie six romans, dont *Une vie* (1883), *Bel-Ami* (1885), *Pierre et Jean* (1888), et près de trois cents nouvelles, tantôt fantastiques, toujours pessimistes. Fortuné, jouissant d'une bénéfique célébrité, Maupassant est en proie à des crises névralgiques et, en 1891, il est envahi par la folie. Il tente de se donner la mort en 1893 mais en réchappe. Interné dans une maison de santé, il meurt la même année.

① Naissance de l'œuvre

Déjà célèbre pour son roman *Une vie* et ses nouvelles, Guy de Maupassant n'en était pas à son premier fait d'armes littéraire lorsqu'en 1885 il publia *Bel-Ami*. Fin connaisseur du milieu journalistique, ses habitudes de chroniqueur se retrouvent dans cet ouvrage. Si la critique fut partagée, ce fut un succès public. C'est par l'essor du feuilleton que les écrivains tissent des liens avec le journalisme. Le feuilleton permettait au journal de fidéliser ses lecteurs, et à l'écrivain de vivre de son art, chose peu évidente lorsque l'auteur n'était pas né fortuné. La pratique de « tirer à la ligne » – l'auteur étant payé en fonction du nombre de lignes que compte son texte –, de faire durer les descriptions, vient de là. Balzac est souvent cité en exemple. Maupassant a publié de nombreuses chroniques. Grâce à elles, il est entré dans le milieu relativement fermé des rédactions parisiennes. D'ailleurs, quelques éléments de *Bel-Ami* étaient déjà présents dans ses chroniques. Cette plume de chroniqueur se ressent également dans l'attachement à décrire, voire à critiquer des thèmes de la société de l'époque. Certains critiques parlent également de Madeleine Forestier comme du prolongement du portrait que dressa Maupassant de Léonie Léon, liée à Gambetta, dans *Politiciennes*, en 1881. Cependant, son propos dans cet ouvrage est nécessairement plus romanesque que ses chroniques.

② Un roman d'apprentissage

Peut-on qualifier *Bel-Ami* de roman d'apprentissage ? Oui, dans la mesure où le héros, Georges Duroy, à travers la réalisation de ses objectifs – parvenir dans la hiérarchie sociale parisienne –, se forge un rapport à l'existence et grandit. Il se réalise en tant qu'individu.

D'abord sous-officier rendu à la vie civile, originaire de Normandie, de naissance paysanne, Bel-Ami parvient à gravir les échelons sociaux par le journalisme, un journalisme intimement mêlé à la finance et au pouvoir politique. Tous les éléments du roman d'apprentissage – aussi appelé roman de formation ou d'initiation – sont réunis : ambition, découverte des plaisirs de la vie, formation d'une personnalité. Ce genre littéraire a été popularisé par Goethe, à la fin du XVIIIe siècle, avec *Les Années d'apprentissage de Wilhelm Meister*. Au XIXe siècle, Honoré de Balzac (*Illusions perdues*) ou Gustave Flaubert (*L'Éducation sentimentale*) ont également réalisé des romans de ce type. La trajectoire du héros est connectée à l'époque dans laquelle il se réalise : c'est ici, par son époque, que Bel-Ami peut parvenir à ses fins, prenant de l'ampleur quand les obstacles se dénouent – par exemple, quand il est provoqué en duel par un journaliste de *La Plume*. Bel-Ami incarne le rejet des vieilles normes et même de sa naissance. Bien qu'aidé par les femmes, c'est Georges Duroy seul qui fait le choix de son destin.

③ Réalisme et naturalisme : deux courants mis à distance

Souvent identifié au courant réaliste ou au courant naturaliste, Guy de Maupassant refusait pourtant que ses écrits soient associés à un groupe littéraire en particulier. Les réalistes, dont les récits se nourrissent de faits réels, comme les naturalistes, dont la méthode de travail était expérimentale, basée sur la documentation, peuvent l'un et l'autre revendiquer les œuvres de Maupassant comme faisant partie de leur famille littéraire. Mais Maupassant écrivait en 1877 à son ami Paul Alexis qu'il ne croyait *« pas plus au réalisme et au naturalisme qu'au romantisme. Ces mots ne signifient rien, ne servent qu'à des querelles de tempéraments opposés. [...] Le talent seul a de l'importance »*.

Il ne s'agit pas pour Maupassant de décrire le réel comme étant une fin, mais comme étant un moyen. La description précise ne sert qu'à rendre vraisemblable l'action du roman, à la situer, à lui donner des couleurs ; donc à servir l'histoire. *Bel-Ami* revêt une position intermédiaire. C'est un roman réaliste par les détails et l'action, situés dans un cadre vraisemblable (le langage utilisé par les parents normands de Duroy est authentique). Mais Maupassant a aussi une attitude plus naturaliste à l'égard de Duroy, qu'il décrit dans *Aux critiques de Bel-Ami* dans le journal *Gil Blas* en 1885 comme *« une graine de gredin »*. Il se situe là dans la lignée d'une conception naturaliste du roman.

④ Argent, ambition, femmes : chronique d'une ascension sociale

« Quand la caissière lui eut rendu la monnaie de sa pièce de cent sous, Georges Duroy sortit du restaurant. » Ainsi débute le roman, signe que l'argent y a une présence de premier ordre.

Argent, ambition, femmes, tels sont les ressorts de la réussite de Duroy. Quel que soit l'objet, il cherche à le posséder. L'argent, d'abord, est un moyen. Quand Madeleine hérite de Vaudrec, Bel-Ami cherche immédiatement à s'en emparer, la convainquant qu'en lui faisant donation de la moitié, l'honneur de sa femme sera sauf – et le sien aussi, sans doute. Les investissements au Maroc, le mariage, plus tard, avec l'héritière Suzanne, sont autant de moyens d'amasser du bien.

Quant à la notion d'ambition satisfaite, elle est constamment présente chez Duroy, et mise en lumière notamment quand il se rend au domicile des Walter et découvre chaque pièce, fastueuse, avec envie. Ses pointes de jalousie ne s'expriment que face à ses fréquentations dont il se voudrait l'égal. Les femmes – nous y reviendrons – sont un outil de réussite sociale, comme souvent d'ailleurs dans les époques et sociétés où il ne leur est pas permis de réussir par elles-mêmes. À chaque étape de sa carrière correspond une femme : échotier avec la prostituée Rachel, reporter puis chef des « Échos » avec Clotilde et Madeleine, chroniqueur quand il séduit Madame Walter, rédacteur politique puis rédacteur en chef lorsqu'il épouse Suzanne.

5 Bel-Ami, un héros profane

Plusieurs indices font de Bel-Ami un profane à l'égard du sacré. Le tableau du Christ présent dans l'hôtel particulier des Walter présente une ressemblance avec Duroy. Si bien que Madame Walter s'y réfugiera, priant face au tableau *« comme dans une chapelle »*. Le sacré est dépassé : il se marie avec Suzanne dans une église qui ne vaut à ses yeux que par sa position centrale, de prestige, non par sa dimension sacrée. On pourrait aussi définir Duroy comme profane à l'égard de l'amour, qui n'est pour lui qu'un moyen. Le voit-on éprouver un sentiment amoureux autre que de la jalousie ? Bel-Ami est beau et il le sait. À la première rencontre avec Forestier, au spectacle, Duroy se fait remarquer par une prostituée, Rachel, ce qui fait lancer à Charles : *« Sais-tu que tu as vraiment du succès auprès des femmes ? Il faut soigner ça. Cela peut te mener loin. »* Il n'y a dans cette course à la réussite et à la séduction pas de place pour l'amour. Les femmes sont utilisées par Duroy. S'il chasse Madeleine après la découverte de ses liens avec Laroche-Mathieu, ce n'est pas par amour mais par souci de protéger sa réputation – et aussi parce qu'il voit là le moyen de se débarrasser d'une épouse qui ne lui sert plus. Seule Clotilde pourrait se targuer de l'avoir rendu amoureux, leurs séparations étant sans doute pour Bel-Ami aussi des peines (voir son mariage avec Suzanne).

6 Au centre du tableau de mœurs, des portraits de femmes

Si certains critiques parlent de *Bel-Ami* comme d'un roman misogyne, certaines figures féminines y sont étonnamment modernes et indépendantes, telles Madeleine Forestier et Clotilde de Marelle. Madeleine fume, Clotilde entretient avec son mari une relation discontinue, fréquente les hommes qu'elle veut. Cette conception du mariage se retrouve chez Madeleine, qui en parle comme d'une association. Toutes deux conseilleront Duroy dans ses écrits, et Clotilde l'éveillera à des plaisirs charnels. Mais toutes les femmes du roman ne sont pas émancipées. Madame Walter incarne une femme qui n'a guère connu de plaisirs amoureux, qui s'est sagement mariée et qui exécute la mécanique bien rodée de la parfaite épouse. C'est un défi pour Duroy autant qu'un intérêt matériel. Enfin, Suzanne Walter incarne une jeunesse bourgeoise coupée du monde réel, qui ne conçoit la vie qu'à travers des rêveries et des fantasmes. C'est pour sa dot que Duroy veut l'épouser : par elle, il héritera d'une belle fortune, comme lorsqu'il a poussé Madeleine à lui donner une partie de l'héritage de Vaudrec. Par cette utilisation que Duroy en fait, ces femmes sont montrées dans leur diversité, leurs personnalités plus ou moins éclatantes étant détaillées, leurs émotions et sentiments exposés. Il n'est pas certain que Maupassant ait d'avantage de tendresse pour son héros que pour les femmes jalonnant son chemin.

7 Paris, ville captivante

Théâtre de la vivacité de la vie, Paris apparaît comme une ville où une poignée d'élus seulement peuvent vivre. C'est l'endroit de tous les possibles, là où il faut être pour réussir. C'est un Paris restreint qui est conté ici, celui de la rive droite, des avenues neuves, centre de la finance et de la presse, bref, centre de pouvoir. Débarqué de Normandie après avoir servi sous les drapeaux, Duroy vit d'abord dans un taudis digne d'un roman de Zola, avant d'accéder à de plus fastueux appartements, à mesure de son ascension et de ses rencontres – les appartements de Mathilde ou de Clotilde sont bien mieux arrangés, plus chers. On remarquera que le Paris de Bel-Ami et le Paris de Guy de Maupassant se ressemblent étrangement. Maupassant connaît bien ce quartier de presse, puisqu'il y a publié de nombreux articles, et le trajet entre l'appartement de Bel-Ami et les locaux de *La Vie française* est quasiment identique à celui que Maupassant empruntait lui-même pour se rendre à la rédaction du *Gaulois*. C'est aussi une ville qu'on quitte épisodiquement : pour aller voir ses parents en Normandie (Bel-Ami) ou pour se reposer à Cannes (Charles Forestier). Ces escapades sont autant d'occasions pour Maupassant de décrire d'autres paysages, fidèle aux terres de son enfance et à son mentor Flaubert, lui aussi maître dans l'art de la description de cette campagne normande.

8 Journalisme et politique : un portrait réaliste

Guy de Maupassant fait le portrait d'un univers qu'il connaît : dans les années 1880, la presse est importante. En décrivant les astuces de Saint-Potin pour ne pas trop se fatiguer, Maupassant montre que faire partie de la rédaction d'un journal tient moins d'une réelle vocation d'informer que de l'envie d'obtenir une position sociale de choix. En témoigne le soin apporté à la description des locaux de *La Vie française*, impressionnants, pour finalement montrer des rédacteurs en train de jouer au bilboquet. Il est intéressant de noter le réalisme avec lequel l'auteur parle du journalisme de l'époque. Un journalisme servant à faire passer les intérêts des puissants pour ceux de tous. La rubrique des « Échos » est à ce titre centrale : c'est par eux qu'on *« lance les nouvelles, qu'on fait courir les bruits, qu'on agit sur le public et sur la rente »*. C'est aussi par la presse qu'on *« fait et défait »* le pouvoir. D'abord journal d'importance intermédiaire, par ses alliances politiques, *La Vie française* prend une place majeure. Laroche-Mathieu, qui deviendra député et ministre, n'est au départ qu'un personnage assez ordinaire, mais doit sa bonne grâce au fait d'avoir été choisi par un pouvoir journalistico-financier (voir comme la fortune de Monsieur Walter est importante à l'intrigue) pour représenter ses intérêts dans le cercle politique. Ainsi, les destins se font et se défont.

9 Quelques mots sur le style

Guy de Maupassant, en tant qu'élève de Gustave Flaubert, attachait une importance de premier ordre au style. *« Quand un homme, quelque doué qu'il soit, ne se préoccupe que de la chose racontée, quand il ne se rend pas compte que le véritable pouvoir littéraire n'est pas dans le fait mais bien dans la manière de le préparer, de le présenter et de l'exprimer, il n'a pas le sens de l'art »*, écrivait-il dans le journal *Gil Blas* en 1883. On ne s'étonnera pas, alors, de la précision des mots employés par Maupassant, souvent de sorte que le passage soit « mouvement ». Lorsque Georges Duroy est chargé d'écrire un article sur ses souvenirs d'Algérie, il n'y parvient pas : l'auteur fait se succéder plusieurs verbes, précis, à un rythme presque saccadé. *« Il s'arrêta net [...], il traça [...], il ajouta [...], il jeta sa plume [...], il se leva. »* On sent bien, en filigrane, le mouvement. Guy de Maupassant excelle également dans l'art du dialogue. Il fait évoluer le langage de Bel-Ami à mesure de son ascension sociale et de ses contacts. D'un style parfois grossier au début (*« Ce n'est pas la peine de gueuler »*), Bel-Ami s'exprime avec davantage de grâce, notamment en présence de femmes (*« La crainte de te faire de la peine m'afflige »*). On notera aussi un usage du style indirect libre, notamment lors de monologues intérieurs (par exemple, celui de Georges Duroy au moment du duel).

10 Entre satire sociale et pessimisme

En dressant le tableau de liens troubles, voire incestueux entre la presse, la politique et la finance, Guy de Maupassant réalise une critique des formes que revêt le pouvoir en son temps. La figure du patron de presse, Monsieur Walter, est frappante à cet égard : plus financier que journaliste, *La Vie française* lui sert davantage à s'enrichir qu'à remplir une quelconque mission d'information. Elle lui sert à faire et défaire la politique. C'est avec l'affaire du Maroc, basée sur une affaire qui avait en fait eu lieu en Tunisie, que Guy de Maupassant égratigne le mieux presse, politique et financiers. La décision d'une intervention militaire permettant de placer la Tunisie et sa dette sous protectorat français (aspect politique) est connue par les milieux financiers en premier, qui peuvent donc racheter de la dette (aspect financier), tandis que la presse se charge d'une campagne visant à faire accepter par tous le supposé bien-fondé de cette décision (aspect journalistique), alors qu'elle ne sert qu'à faire s'enrichir quelques privilégiés. Trois ressorts du pouvoir qui, utilisés ensemble, font le destin de Bel-Ami et de ses fréquentations (Walter, Laroche-Mathieu, etc.). Au-delà de la satire, c'est bien le regard pessimiste de Maupassant sur son époque qui transparaît : malgré les réussites de son héros, il n'y a pas de raison de se réjouir, tant la soif d'argent commande tout.

RÉSUMÉ

Étienne Lantier, fils de Gervaise Macquart (*L'Assommoir*) et machineur de 21 ans, cherche de l'embauche sur les routes du nord de la France ; il a perdu son poste après avoir giflé son employeur. Arrivé à Montsou, il est recruté à la mine, où il rencontre Toussaint Maheu, dont la famille travaille dans les mines depuis toujours. Après avoir passé quelques nuits chez Rasseneur, un ancien mineur devenu aubergiste, Lantier prend pension chez les Maheu. Dans ce petit logis sombre, propriété de la Compagnie des Mines, la famille vit entassée, chaque lit est partagé, l'intimité n'existe pas. Imprégné d'idées socialistes, Lantier partage le quotidien de ces ouvriers aux conditions de vie éprouvantes, miséreuses. Une vie de labeur, aux distractions rares et où l'on meurt prématurément faute d'être soigné et où même le pain manque. La Maheude doit sans cesse supplier les bourgeois de lui faire l'aumône, ou le marchand de lui faire crédit. Étienne tombe amoureux de Catherine Maheu, 15 ans, mais elle est déjà l'amante de Chaval, un mineur de 25 ans, colérique et rustre. Sous prétexte de la crise économique, la Compagnie des Mines décide d'imposer un nouveau système de paie, où les boisages et le charbon seront comptés séparément, aboutissant à une baisse de salaire. Étienne Lantier prend la tête de la contestation, organise une caisse de prévoyance et convainc ses camarades de faire grève. La Compagnie refuse toute négociation. Après des semaines de lutte, affamés, trahis par les quelques « jaunes » qui ont repris le travail dans d'autres mines, les ouvriers font route vers la demeure des propriétaires, des bourgeois. Les forces publiques répondent au cri des ouvriers par le feu. Maheu est tué. Les mineurs décident de reprendre le travail, malgré les protestations de la Maheude, sans que la Compagnie ait proposé d'arrangement satisfaisant. La vie de labeur et de quasi-mendicité reprend. Alors que les Grégoire, des bourgeois, sont venus faire don de quelques menus objets à la famille Maheu, la jeune Cécile Grégoire est laissée seule avec le vieux Bonnemort, le père de Toussaint Maheu. Il l'étrangle dans un mouvement de folie. Les ouvriers redescendent à la mine. Mais Souvarine, un anarchiste russe exilé de 28 ans, a saboté la mine, qui s'effondre et s'inonde. Étienne, Catherine, Chaval et d'autres mineurs sont pris au piège. Plusieurs d'entre eux meurent, et les trois premiers se retrouvent coincés sous le sol. Au cours d'une dispute, Lantier tue Chaval, qui l'avait provoqué. Restent Catherine et Étienne, qui se donnent l'un à l'autre pour la première fois. Épuisée, Catherine meurt avant que les secours n'arrivent. Seule, la Maheude doit se résoudre à redescendre à la mine pour nourrir ses jeunes enfants. Étienne reprend la route pour Paris. La révolte, un jour, germera parmi les ouvriers, les exploités ; Lantier en est certain.

Germinal

Émile Zola **1885**

Émile Zola (1840-1902) est né à Paris. Son père, un ingénieur d'origine italienne, s'installe avec sa famille à Aix-en-Provence en 1843 et meurt alors qu'Émile a 7 ans. Le jeune Zola étudie à Aix, où il fréquente Paul Cézanne, et échoue au baccalauréat. Il est embauché aux éditions Hachette pour effectuer du travail manuel. Son intelligence est remarquée. Amateur de littérature, il se tourne vers le journalisme. Zola compose des feuilletons, et, de ses premières inspirations romantiques, bifurque vers le réalisme puis le naturalisme. Entamée dès 1868, la série des *Rougon-Macquart* est publiée à partir de 1871, au rythme d'un roman par an, diffusé en feuilleton et publié parallèlement. Il connaît en 1877 le succès avec *L'Assommoir*, septième de la série, puis *Germinal* (1885), aidé par les scandales provoqués par leur publication. Émile Zola prend la tête du courant naturaliste et s'entoure de jeunes écrivains – dont Guy de Maupassant –, entraînant la publication en 1880 des *Soirées de Médan*, ouvrage collectif. Dans *Le Roman expérimental* (1880) et *Le Naturalisme au théâtre* (1881), Zola théorise sa doctrine. L'auteur a aussi été journaliste politique ; s'il n'a pas vu dans la Commune une expérience positive, il s'engage en 1874 dans l'affaire Dreyfus, dont il prend la défense dans la tribune *J'accuse*, publiée dans *L'Aurore*. Condamné, Zola s'exile en Angleterre jusqu'en 1899. Il meurt en 1902 d'une asphyxie, sans avoir pu terminer le dernier tome de ses *Quatre Évangiles* (1899-1902).

1 Le naturalisme

Le naturalisme est un courant littéraire du XIXe siècle, dont on pourrait dire qu'il est issu du réalisme. Il s'agit de décrire la société avec précision, presque avec objectivité, sans tabou, en se fondant sur une hypothèse documentée. Avant d'être employé pour qualifier une école littéraire, le terme *naturalisme* avait été utilisé en peinture et en philosophie politique pour qualifier un système où la nature représenterait une *« religion naturelle »* (Diderot). Chef de file du courant naturaliste, Émile Zola en a établi les principes dans *Le Roman expérimental* (1880), *Le Naturalisme au théâtre* (1881) et *Les Romanciers naturalistes* (1881). Quelques écrivains protestèrent contre ce qu'ils considéraient comme des excès de la doctrine, en publiant *Le Manifeste des cinq*, en 1888. Les naturalistes avaient une approche rigoureuse, quasiment scientifique, de leurs sujets. La méthode de travail allait donc dans ce sens : Émile Zola se documentait abondamment, effectuait des voyages de terrain pour décrire le mieux possible son sujet – pour *Germinal*, il voyagea quinze jours, prit nombre de notes qu'il consignera dans ses *Carnets d'enquête*. Le vocabulaire employé ne laissait également rien au hasard : utilisation de termes techniques pour décrire les mines et leurs métiers (« herscheur », « haveur »), adaptation au champ lexical des personnages pour les dialogues, par exemple.

2 Les Rougon-Macquart

C'est de cette veine naturaliste que découle la série des *Rougon-Macquart*, vingt ouvrages publiés entre 1871 et 1893. Les titres qui rencontrèrent le plus de succès – et qui firent scandale – furent *L'Assommoir*, septième de la série, et *Germinal*. Émile Zola voulait écrire une fresque sociale s'inspirant de *La Comédie humaine*, de Balzac. Chaque œuvre est d'ailleurs sous-titrée *Histoire naturelle et sociale d'une famille sous le Second Empire*. Le destin d'une famille, d'une naissance à l'autre, de 1768 à 1874, est dépeint en même temps que les transformations de l'époque (urbanisme, développement du commerce). Exhaustivité, méthode rigoureuse, tels étaient les maîtres mots procédant à l'écriture, par Émile Zola, de cette série. Si l'écrivain ne cachait pas ses sympathies pour son sujet – le milieu ouvrier, les petites gens –, la mission qu'il s'est fixée ne peut le faire déroger à la règle documentaire. Aussi, les petites gens ne sont pas épargnés : alcoolisme, brutalité, corps et esprit déformés par le labeur… C'est une histoire héréditaire qu'il trace. Dans le texte *Différences entre Balzac et moi*, rédigé en 1869, Émile Zola écrit des *Rougon-Macquart* : *« Si j'accepte un cadre historique, c'est uniquement pour avoir un milieu qui réagisse […]. Ma grande affaire est d'être purement naturaliste, purement physiologiste. Au lieu d'avoir des principes […] j'aurai des lois (l'hérédité, l'atavisme). »*

3 À propos du titre

Germinal évoque le mois d'avril, celui où la nature germe ; ici il est en plus révolutionnaire. C'est ce mois-là que se termine le roman, sur l'espoir qu'un jour les hommes se révolteront contre l'injustice – une révolte en germe dans le récit, la grève n'aboutissant à rien de satisfaisant. L'arrivée du printemps est donc symboliquement celle du renouveau, de la destruction d'un vieux monde inégalitaire. Le lien, métaphorique entre la germination révolutionnaire et la germination naturelle est saisissant ; Émile Zola n'a d'ailleurs pas choisi un mois du calendrier classique mais du calendrier républicain, aussi appelé calendrier révolutionnaire français. Zola renforce le choix du titre – qui est plus qu'un clin d'œil – par différents moyens. L'ouvrage commence et se termine avec le même personnage, Étienne Lantier, qui marche sur les routes du Nord ; au début dans la nuit, dans le froid, à la fin dans un paysage bourgeonnant, verdoyant, ensoleillé, l'espoir s'étant épanoui. La fin du récit est tournée dans la même veine, avec des ouvriers désormais décrits de la façon suivante : « *Des hommes poussaient, une armée noire, vengeresse, qui germait désormais dans les sillons, grandissant pour les récoltes du siècle futur, et dont la germination allait faire bientôt éclater la terre.* » C'est la révolution ouvrière que porte métaphoriquement la nature bourgeonnante.

4 Germinal, un roman socialiste ?

« *Je n'entends pas être socialiste, mais seulement observateur et artiste* », écrivait Émile Zola. Rappelons l'une des idées clés du naturalisme : étudier « *l'influence des milieux et circonstances* » sur l'humain. Le souci de respecter une méthode rigoureuse paraît impliquer le fait que l'auteur n'exprime pas son soutien à une doctrine politique. Cependant, en peignant un tableau social, Émile Zola fait le choix d'une mise en scène, d'une perspective. La thématique d'exploitation et de libération de l'homme n'est pas sans lien avec ses lectures (Karl Marx, Proudhon) et l'expansion du socialisme à l'époque – depuis la création en 1864 à Londres de l'Association internationale des travailleurs, dont l'adresse inaugurale fut rédigée par Marx. *Germinal* est aussi un tableau des nuances politiques que revêt un rêve partagé de libération : de Lantier, collectiviste – il monte la caisse de grève –, à Souvarine, l'anarchiste qui reproche à ses camarades de vouloir remplacer les bourgeois, partisan de la table rase ; de Rasseneur, réformiste – il prône le dialogue –, à Pluchart, marxiste et responsable départemental de l'Internationale. On notera néanmoins qu'Émile Zola n'utilise de la palette d'idées que celles qui nourrissent utilement son récit : le roman n'est pas un manifeste. L'espoir, à la fin, est pourtant bien celui d'Étienne Lantier ; l'espoir que des luttes socialistes germeront.

⑤ La part des bourgeois

Le champ est restreint : Émile Zola n'écrivait pas sur le siècle mais sur une famille étendue ; les bourgeois seraient locaux. En fait, si Zola dénonce un système, ce n'est pas les hommes qu'il condamne. Ils sont perçus comme les rouages d'un système, éprouvant de l'empathie pour les ouvriers. L'opposition entre les deux mondes opère par contraste. À des familles bourgeoises, au teint pâle d'indolence, aux joues rosies par l'opulence, rentières, habitant de jolies demeures, charitables par religion, capitalistes par intérêt, où la natalité est contrôlée, se confrontent des familles ouvrières, au teint pâle de fatigue et de faim, aux joues tannées par le charbon, logeant à neuf dans une unique pièce confinée, mendiantes par nécessité, socialistes par révolte, où l'on a souvent cinq enfants. Lorsque la Maheude rend visite aux Grégoire pour solliciter la charité, Madame Grégoire l'interroge : pourquoi faire tant d'enfants si l'on est si pauvre ? La question illustre le contraste des conditions sociales. Pour la Maheude, il n'est pas anormal d'avoir cinq enfants, qui eux-mêmes ont des enfants, où chaque revenu supplémentaire est plus utile qu'une bouche infirme à nourrir.
Parfois, le contraste porte sur des descriptions physiques ; Catherine et Cécile ont à peu près le même âge mais leurs traits et leurs comportements sont opposés par *atavisme*, selon ce que Zola cherche à étudier.

⑥ Récit d'une catastrophe annoncée

Germinal, au-delà du tableau social, s'organise autour de la montée en tension d'un milieu, aboutissant à un drame, catalysé par le sabotage de la mine, dont chacun ressort, individuellement et collectivement, mutilé. À l'insuccès de la grève s'ajoute, pour la Maheude par exemple, la mort de l'époux, de plusieurs enfants (Zacharie tué par un coup de grisou, Catherine morte dans les profondeurs de la mine), la sénilité meurtrière du beau-père, Bonnemort, et bien sûr le retour sous terre, dans la mine, pour nourrir les survivants. Quant aux bourgeois, ils ne sont guère épargnés : c'est la fin de leur prédominance sur le monde, semble affirmer Zola, qui est à venir.
Le choix de *Germinal* comme titre du roman n'était pas d'ailleurs une évidence : Zola avait d'abord envisagé de titrer *L'Orage qui monte*, *Table rase*, ou encore *La Liquidation*, termes symboliquement forts contenant cette catastrophe annoncée. On remarquera que si le récit se déroule sur une quinzaine de mois, la dizaine de jours capitale – arrivée et départ d'Étienne, la marche aboutissant à une rixe avec les soldats, le sabotage de la mine – occupe près de 350 pages sur les 500 que compte le roman. Par un jeu de chronologie (analepses, simultanéité de plusieurs scènes), Émile Zola fait monter le récit en tension, comme si le temps ne pouvait déboucher, inexorablement, que sur un drame.

7 Catherine Maheu, Cécile Grégoire : parallèle et communauté de la condition féminine

On l'a dit, le tableau que fait Émile Zola de la vie ouvrière est mis en parallèle avec des scènes de la vie bourgeoise. En matière de mœurs et d'amour, nombre de scènes traduisent déjà le décalage – les Grégoire offusqués que la Maheude ait autant d'enfants, les relations intimes livrées au regard de tous dans le petit logis ouvrier, le mariage prévu entre Zacharie et Philomène alors qu'ils ont déjà deux enfants. Mais il est intéressant d'opposer Catherine et Cécile, qui ont à peu près le même âge. D'un côté, une jeune fille dont l'auteur s'attache à dire qu'on la prendrait pour un garçon, travailleuse, amoureuse d'Étienne Lantier mais qui, déjà amante de Chaval, craint qu'un changement d'amant ne la condamne à trop d'errances – sans doute financières plus que morales. De l'autre, une jeune fille jolie et délicate, oisive en dehors de ses quelques travaux de charité, fiancée à Paul Négrel – dans l'intérêt de leurs familles, qui ne se doutent pas que son fiancé batifole avec sa tante en attendant ce rentable mariage. Des conditions de vie des deux femmes, évoluant parallèlement sur le plan de la classe, aboutit un tableau commun, celui de la domination masculine. Catherine doit choisir un seul amant entre deux hommes qui se vouent une féroce détestation, et va sous la coupe d'un homme brutal. Tandis que Cécile n'a de valeur que celle de son échange, par le biais du mariage.

8 Le dramatique au service du cri : le symbole de la mine

Au centre de *Germinal* se trouve la mine. À la fois lieu de travail des mineurs et propriété des bourgeois, elle est l'endroit du contraste et des drames. Si Émile Zola se défiait du symbolisme, il la décrit pourtant bien comme un enfer, avec tous les symboles liés : la couleur noire est celle du charbon, mais aussi celle du drame, de l'enfer ; la chaleur dans la mine rappelle fatalement les flammes infernales. La mine cristallise la dimension dramatique de l'œuvre. Dans le chapitre IV de la première partie, Zola livre cette image : « *L'air ne circulait pas, l'étouffement à la longue devenait mortel. Il avait dû, pour voir clair, fixer sa lampe à un clou, près de sa tête ; et cette lampe, qui chauffait son crâne, achevait de lui brûler le sang* », et explique que Maheu devait « *tordre le cou, renverser la nuque* ». Si le texte est documenté, le recours au dramatique permet la dénonciation des conditions de travail et de vie, ou de survie, des mineurs. Le rythme donné à la peinture du travail de mineur donne une force supplémentaire à ce cri : « *Pas une parole n'était échangée. Ils tapaient tous, on n'entendait que ces coups irréguliers, voilés et comme lointains.* » Plus loin, Zola ajoute : « *Il semblait que les ténèbres fussent d'un noir inconnu, épaissi par les poussières volantes de charbon.* » La symbolique de l'enfer est bien présente, au cœur même de ce lieu qu'est la mine.

9 Le regard pictural de l'écrivain

Émile Zola fréquentait nombre de peintres, dont Paul Cézanne, qu'il connut sur les bancs du lycée à Aix-en-Provence, ou Édouard Manet, qu'il défendit avec virulence dans *Mes haines*, en 1866, mais aussi Camille Pissarro, Claude Monet et Auguste Renoir. *Germinal* en est imprégné. Les choix de couleur témoignent d'un regard affûté, pictural. Le noir, d'abord, est la couleur du charbon qui envahit tout, les poumons et les visages, c'est la couleur des mines ; de la nuit, aussi. Le blanc, ensuite, est peint par touches, là dans la neige, ici dans la pâleur d'une peau, symbole de la faiblesse, de la misère, de la faim. Le contraste noir/blanc est à cet égard saisissant. Autre couleur dominante : le rouge, couleur de la passion, de la colère, de la révolte, mais aussi du sang. Lorsque les teintes s'effacent, c'est parce que l'écrivain décrit des paysages froids, des vies d'ennui et de désespoir. Au contraire, lorsque Étienne Lantier reprend la route, début avril, après la révolte, les paysages sont verdoyants. Il y a résonance entre l'espoir d'Étienne de voir les ouvriers se révolter et les couleurs utilisées, plus printanières. Par ailleurs, plusieurs scènes pourraient être décrites comme on décrirait un tableau : la révolte des grévistes, marchant vers la demeure bourgeoise, clamant la Marseillaise, ou, en face, l'assaut des soldats, sont décrits d'une manière tout à fait graphique.

10 Étienne Lantier, un héros entre hérédité et émancipation

Zola cherchait à étudier l'influence des atavismes et de l'hérédité dans un groupe social. Étienne Lantier est à cet égard le personnage fort du roman, puisqu'il incarne la lutte entre hérédité et émancipation. Le fils bâtard de Gervaise Macquart (*L'Assommoir*) est décrit comme souffrant « *dans sa chair de toute cette ascendance trempée et détraquée d'alcool* ». En proie au mal héréditaire, issu d'une lignée d'alcooliques, Étienne Lantier se montre violent quand il a bu, gifle son chef à Lille avant d'arriver à Montsou, se bat avec Chaval, et parle d'« *une brusque folie du meurtre, un besoin de goûter au sang* ». En même temps, Étienne va se révéler dans la lutte des mineurs contre l'injustice des nouveaux traitements. Il lit des publications engagées, se passionne pour les discussions politiques ; c'est lui qui impose ses idées collectivistes en montant la caisse de grève. Étienne est pourtant confronté à bien des écueils : ne pas se satisfaire d'un rôle de meneur dont le confort serait quasi petit bourgeois, faire face à des ouvriers davantage guidés par le sentiment de vengeance (voir le sort réservé au commerçant Maigrat) que par l'idéal d'émancipation, ne pas faire du socialisme une religion. Portant dans sa chair les affres de l'hérédité, Étienne Lantier ne se situe pour autant pas dans une position passive, qui serait favorable à la *reproduction* des inégalités.

RÉSUMÉ

Antigone raconte le destin d'un personnage éponyme, fille d'Œdipe et de Jocaste, nièce du roi Créon. Elle a pour sœur Ismène, une jeune fille belle et apprêtée, à l'opposé d'Antigone, chétive et mal peignée. Son fiancé, Hémon, est le fils de Créon et d'Eurydice. La nourrice complète le tableau. La pièce débute après qu'Étéocle et Polynice, frères aînés d'Antigone, se sont entretués pour le pouvoir sur Thèbes. Créon rétablit l'ordre mais décida qu'il faudrait se ranger d'un côté ; Eurydice eut droit à d'honorables funérailles alors que le corps de Polynice fut laissé aux vautours. Quiconque offrirait de décentes funérailles à Polynice serait tué à son tour. Or Antigone a bravé l'interdiction. La pièce débute là, sans que quiconque sache son acte. Antigone, après que le prologue a présenté l'intrigue et les protagonistes, arrive au petit matin sur scène. Sa nourrice, inquiète de la voir dehors à une heure si matinale, voire encore nocturne, la réprimande. Antigone explique son bonheur des promenades solitaires, à l'heure où tout est « encore gris ». Tandis que la nourrice indique qu'Antigone s'est toujours comportée d'une façon étrange, la jeune fille lui fait promettre de prendre soin de Douce, sa chienne, s'il lui arrivait malheur. Antigone discute ensuite avec Ismène, qui tente de la convaincre de ne pas braver la loi, sans savoir qu'il est trop tard. Après, Antigone parle avec Hémon. La veille, elle s'était apprêtée et poudrée dans l'intention de faire l'amour avec lui. Il s'était amusé de cet accoutrement si peu naturel. Ils s'étaient disputés. Antigone exprime ses sentiments pour son fiancé ; ils ont alors des regrets. Ensuite, un garde informe le roi Créon que le corps de Polynice a été recouvert. Par la crainte de la punition pour avoir failli à sa mission qu'exprime le garde, le lecteur prend la mesure de l'importance du délit. Comme le corps est exposé aux vautours, la terre qui le couvrait ayant été ôtée, Antigone réitère son geste. Elle est prise sur le fait, les mains encore sales. Ignorant le statut royal d'Antigone et n'y croyant pas, les gardes se réjouissent de cette capture, qui leur ôte la peur de toute sanction, et se prennent à songer à la récompense qu'ils pourraient en tirer. Ils font le projet d'un bon repas et d'une belle soirée, rêvant même aux honneurs officiels. Le décalage entre leur réjouissance et la situation d'Antigone est criant. Créon, d'abord surpris de trouver Antigone, la sermonne. Après avoir tenté de négocier, il doit admettre qu'Antigone recommencera autant qu'elle le pourra, même s'il lui apprend le vrai visage de ses frères, des vauriens. Elle est enfermée. Ismène voudrait partager son sort, mais Antigone refuse. Antigone se tue, après avoir écrit une lettre à son fiancé. De chagrin, Hémon se suicide à son tour ; puis sa mère Eurydice fait de même. Créon reste seul, à jouer au roi.

Antigone

Jean Anouilh 1944

Jean Anouilh (1910-1987) est né à Bordeaux d'un père tailleur et d'une mère musicienne. Au lycée Chaptal, il lit George Bernard Shaw, Luigi Pirandello ou encore Paul Claudel. Après des études de droit, il se dirige vers la publicité et rencontre Jacques Prévert. Il est présenté à Louis Jouvet, dont il devient le secrétaire. En 1932, il donne sa première pièce, *L'Hermine*. Mais comme nombre de jeunes auteurs ayant connu un premier succès d'estime, ses pièces suivantes sont des échecs. Cinq ans passent. Anouilh renoue avec le succès en présentant *Le Voyageur sans bagage*. Il continue de monter des pièces qui seront jouées même sous l'Occupation. À l'époque, on reproche à Jean Anouilh de ne pas s'engager ; il ne sera ni résistant, ni collabo. Il écrit *Antigone* en 1942, mais ce n'est qu'en 1944 que la pièce est jouée, avec son épouse Monelle Valentin dans le rôle-titre. Les critiques interprètent la pièce tantôt comme un éloge de la résistance, tantôt comme une célébration de la raison d'État. En 1945, l'écrivain Robert Brasillach, de la revue d'extrême droite *Je suis partout*, est exécuté pour faits de collaboration ; Anouilh avait pris sa défense. Il est profondément marqué. Il écrira ensuite *L'Alouette* (1952), ou *Becket ou l'Honneur de Dieu* (1959). Entre pièces à l'humour grinçant et adaptations d'auteurs étrangers (comme Shakespeare), Anouilh travaillait à des scénarios pour le cinéma. Il est mort le 3 octobre 1987 à Lausanne, des suites d'une longue maladie.

① Antigone modernisée

Anouilh, en reprenant l'histoire d'Antigone, d'abord racontée par Sophocle autour de 441 av. J.-C., s'inscrit dans un mouvement du XXe siècle. Il est loin d'être le seul auteur à narrer le destin de personnages mythiques de la Grèce antique ; ainsi, Cocteau et son Œdipe dans *La Machine infernale* (1934), ou Sartre et son Oreste dans *Les Mouches* (1943). Ces auteurs ont redonné une dimension mythique aux héros ; jusqu'alors, aucune intention morale, voire militante, n'était portée par les auteurs, qui narraient simplement des aventures. Avec sa reprise du mythe d'Antigone, Anouilh modernise le récit et son personnage, à travers plusieurs éléments de langage notamment. La nourrice prépare du pain grillé et du café (*« Tiens, te voilà un bon café et des tartines [...], je te les ai grillées moi-même et beurrées comme tu les aimes »*), ce que l'on n'imaginerait pas dans la Grèce antique. De la même façon, Sophocle n'aurait pu faire dire au chœur : *« Et on dirait un film dont le son s'est enrayé. »* Sur le personnage d'Antigone, Anouilh la fait évoluer : de la jeune fille de Sophocle, Anouilh fait une vraie héroïne. L'atmosphère tout entière de la pièce, enfin, est modernisée en ce qu'elle raconte l'époque et ses angoisses. Nous sommes en 1944 lorsque Anouilh s'empare d'Antigone. L'humanité semble avoir pris un chemin morbide et s'être éloignée d'idéaux humanistes.

② Structure de l'œuvre

Antigone n'est pas une pièce divisée en actes, ni en scènes. C'est un ballet, reposant sur les allées et venues des protagonistes. On peut distinguer six ou sept parties. La première est le prologue, où les personnages et la trame narrative sont exposés. La deuxième partie commence au dialogue entre Antigone et sa nourrice, après la sortie de scène de tous les personnages, tour à tour. Vient ensuite le dialogue entre Hémon et Antigone, qui peut être une troisième partie ou être inclus dans la deuxième puisqu'il repose sur le même déroulé : Antigone sait déjà ce qu'elle a fait, contrairement à ses interlocuteurs. Il y a alors une lecture du texte à deux niveaux, renforcée par une variation des modes et des temps : Antigone parle à Hémon du fils qu'ils auraient eu. Par cet emploi du conditionnel par Antigone (la nourrice et Hémon parlent à l'indicatif), Anouilh inscrit un décalage. Il en est de même dans le dialogue avec Ismène. Vient ensuite l'entrevue entre le garde et Créon, où l'on apprend qu'un délit a été commis. La crise, le temps fort du drame, apparaît ensuite, avec l'arrestation d'Antigone. S'ouvre alors le temps de la délibération et de la confrontation, où Créon tente de sauver Antigone. C'est une négociation triple : entre Créon et Antigone, entre Créon et lui-même, entre Antigone et le but qu'elle s'est fixé. Antigone, Hémon et Eurydice meurent ensuite.

3 Rôle et mise en œuvre du prologue

On l'a dit, il n'y a pas de scène ou d'acte à proprement parler dans cette pièce. Elle commence par une forme de scène d'exposition, qu'on pourrait aussi appeler « tableau » puisque tous les personnages sont présents sur scène. Dans certaines pièces, c'est le chœur qui se charge d'informer le spectateur de ce qui va se passer ; ici, le prologue et le chœur sont deux entités distinctes. Ce tableau permet de présenter les personnages d'une façon tout à fait tragique car, dès le départ, il est clair qu'ils ne pourront rien face à l'histoire qui va se dérouler (*« elle ne lui sera d'aucun secours »*, *« qui ne peut rien non plus pour lui »*). Les rôles sont distribués. Le prétexte est dévoilé : la bataille à mort des deux frères, Polynice et Étéocle, pour le pouvoir sur Thèbes, est le point de départ de la tragédie. On note que le prologue présente les protagonistes à la fois d'une façon factuelle, « statutaire » (Créon est roi, Eurydice est son épouse), et d'une façon psychologique (*« quelquefois, le soir, il est fatigué, et il se demande s'il n'est pas vain de conduire les hommes »*, à propos de Créon). Le prologue prête aux personnages des sentiments sur des événements qui n'ont pas encore eu lieu ; puisque l'auteur est omniscient, l'ordre chronologique importe peu. C'est là aussi, dans cette intervention de l'auteur, que réside la modernité de la pièce.

4 Du rôle à tenir

L'idée que chacun a un rôle délimité et bien défini est centrale dans cette pièce. Elle participe à la fois à l'exécution de la tragédie – nous reviendrons sur la vision d'Anouilh de la tragédie, contre laquelle on ne peut lutter, par opposition au drame, où l'on se débat – et au regard décalé de l'auteur sur sa pièce. Anouilh, en mettant en avant les rôles de chacun, montre la toute-puissance de l'auteur sur la trajectoire et sur la personnalité même de ses personnages. Cette notion de « rôles » est à triple niveau. Le premier niveau est descriptif : Créon « joue » à *« conduire les hommes »*. Le deuxième niveau est dénonciateur : en faisant des gardes les *« auxiliaires toujours innocents et toujours satisfaits d'eux-mêmes, de la justice »*, Anouilh en fait surtout des auxiliaires de la tragédie, soit des serviteurs ; il dénonce aussi l'éclatement des responsabilités qui permet à la justice de faire son œuvre sans responsabiliser réellement ceux qui la font. Nous y reviendrons. Le troisième niveau de lecture est peut-être le plus intéressant, puisqu'il montre que les protagonistes eux-mêmes acceptent leur rôle comme une fatalité, mais en ont conscience aussi. Ainsi, Créon admet qu'il a *« le mauvais rôle »* face à Antigone, qui elle-même explique à Ismène, plus tôt : *« C'est comme cela que ç'a été distribué. »* La lucidité, le recul des personnages sont modernes et décalés.

⑤ Choisit-on son destin ? Antigone face à la mort

Quelle prise a-t-on sur notre trajectoire ? Il semble qu'Antigone aime la vie (en témoignent ses promenades matinales et solitaires) ; mais elle s'oblige à tenir son rôle d'héroïne, qu'elle ne semble pourtant pas véritablement désirer. À la fin, elle donnera même raison à Créon, réalisant l'intérêt supérieur de la vie. La confrontation entre Créon et Antigone, après que les gardes l'ont trouvée à enterrer son frère, offre une évolution dans le choix d'Antigone, et une perspective sur ce destin. Au départ, Antigone croit vouloir enterrer dignement Polynice, par devoir, justement. Mais alors que Créon lui démontre l'absurdité de cette décision, en évoquant l'enterrement comme une *« pantomime »*, un *« passeport dérisoire »*, expliquant : *« Je ne veux pas te faire mourir pour une histoire de politique »*, Antigone maintient son choix mais ses raisons évoluent. Face au discours raisonnable de Créon, elle devrait sensément abdiquer. Mais elle persiste, signe qu'elle fait un choix, comme si elle cherchait à démontrer que la contrainte avait des failles : *« Vous ne pourrez ni me sauver, ni me contraindre »*, dit-elle à son oncle. Il n'est pas anodin qu'Antigone ait toujours refusé les contraintes ou le comportement qu'on lui imposait, en tant que femme et fille d'Œdipe. Elle sort de son rôle, sans sortir de sa trajectoire : de la mort comme destin, elle va vers le suicide comme choix.

⑥ Lecture historique contre lecture existentialiste

On peut faire deux lectures de la pièce d'Anouilh, lectures dont les critiques ont beaucoup débattu : l'une est historique, l'autre existentialiste. Toutes deux sont liées à l'époque à laquelle Anouilh a écrit la pièce, donnée en 1944. La lecture historique tient au contexte politique : bien qu'Anouilh n'ait pas été réellement engagé dans la résistance, certains s'attachent à voir en Antigone une résistante face à un Créon « pétainiste » : il ne s'agit ni d'une transposition idéologique ni de dire que Créon agirait par conviction, mais qu'il tenterait de composer avec la situation, à l'instar de nombre de soutiens du maréchal Pétain, déterminés à faire ce qu'ils estimaient nécessaire – à savoir, collaborer avec le Troisième Reich – pour maintenir la France « indépendante ». Certains attribuent au jeune Paul Collette, un individu non lié à un groupe politique ou à un réseau de résistance, et qui avait tiré sur Laval et quelques autres collaborateurs de premier ordre en 1942, d'avoir inspiré à Anouilh l'envie d'adapter *Antigone*. La seconde lecture est existentialiste, et relève des questions précédemment évoquées : le choix individuel est-il possible face à l'implacabilité du destin ? Quel rôle tenir ? Des questions en vogue parmi les intellectuels de l'époque ; Sartre ne publiera *L'existentialisme est un humanisme* que deux ans après la pièce d'Anouilh.

7 Antigone, un personnage paradoxal et décalé

Hormis sa façon d'employer le conditionnel plutôt que l'indicatif, ce qui place Antigone en décalage avec son monde, elle est décrite comme étrange par sa nourrice. Celle-ci explique qu'Antigone a toujours été difficile à saisir, dans un monde à part. Ses déclarations le confirment. Célébrer la nature quand on la voit grise au lieu de la voir pleine de couleurs semble décalé. Il n'est pas anodin qu'elle, la mal peignée, mène l'illégale mission. Car, par sa dimension sacrificielle aussi, Antigone se détache de la raison commune. Un sacrifice qui s'avère totalement gratuit, montrant le côté paradoxal du personnage. Antigone aime la vie. Elle aime son fiancé Hémon. Elle sait les projets qui auraient pu être les leurs. Mais elle décide de mourir tout de même, alors que les raisons justifiant sa mission se révèlent bancales, moins légitimes, moins urgentes. Mais Créon fait preuve de maladresse en lui vantant un bonheur simple et tranquille, presque ennuyeux, et permet alors à Antigone de révéler encore sa dimension passionnée, car elle refuse ce bonheur en demi-teinte. Antigone incarne la figure de la rebelle, en même temps qu'une forme de passion déraisonnable quand sa rébellion devient gratuite : c'est une rebelle sans cause. Elle possède aussi une dimension suicidaire, paradoxalement à son amour de la vie. C'est lui qui lui fait accepter la mort. Voilà le paradoxe d'Antigone.

8 Le choix de la tragédie

Dans cet *Antigone*, il y a un procédé significatif de la modernité de l'adaptation : l'auteur s'invite directement dans les lignes de sa pièce. Quand, après la première entrevue du garde Jonas et du roi Créon, le chœur intervient pour justifier le choix de la tragédie, c'est en fait Anouilh lui-même qui commente son œuvre. Il donne une définition de ce qu'est la tragédie, en l'opposant au drame : dans la première, tout est scellé d'avance, les protagonistes n'ont qu'à se laisser glisser sur une trajectoire, ils incarnent un destin plus qu'ils ne le décident ; dans le second, ils se débattent contre le malheur, et l'on perçoit la bouche d'Anouilh se tordre de douleur et de dégoût lorsqu'il écrit cela. On notera par ailleurs que cette façon d'Anouilh d'intervenir dans le texte s'exprime en d'autres endroits, notamment lorsque Antigone explique à Ismène que *« les rôles sont distribués »* : c'est bien la main du maître d'œuvre, du « metteur en scène », que l'on voit déplacer les personnages comme des pions, derrière ce discours. L'auteur intervient à plusieurs reprises, comme pour ponctuer son œuvre de références à lui-même. Au-delà de cette parenthèse, c'est donc le choix de la tragédie qu'Anouilh fait. Pourquoi ? Parce que, comme il le fait dire au chœur : *« C'est propre, la tragédie. »* Parce qu'elle permet de parler de la mort, de s'y confronter, sans espoir d'y échapper.

9 Le testament d'Antigone ; Antigone fait ses adieux

Au début, Antigone fait ses adieux à sa nourrice, à sa sœur, Ismène, et à son fiancé, Hémon. Elle livre son testament, d'autant plus captivant que ses interlocuteurs ne savent pas qu'il s'agit de cela : en apparence, ce sont des conversations ordinaires entre sa nourrice et elle, et entre Hémon et sa fiancée – lui ne comprend pas qu'elle emploie le conditionnel (*« la femme que tu aurais eue »*, *« j'ai une femme »*). La nourrice non plus ne réalise pas la vraie nature de l'empressement d'Antigone à lui faire jurer de bien prendre soin de Douce, sa chienne ; elle met cela sur le compte de son habituelle étrangeté. De la même façon, on peut supposer qu'Antigone n'a jamais été aussi claire sur ses sentiments envers Hémon qu'au moment où elle sait qu'ils ne seront jamais mari et femme malgré leur projet. C'est d'ailleurs une volonté de sceller son union dans les faits, sinon en droit, avec Hémon, qui préside à sa décision de faire l'amour avec lui. En fait, Antigone est certaine qu'elle mourra puisqu'elle a recouvert Polynice de terre et qu'elle connaît la sanction encourue. Il lui faut alors se tuer mentalement, dans l'esprit des êtres chéris, par anticipation. Comme pour déshabituer les autres personnages de sa présence, comme pour être déjà morte à leurs yeux.

10 Quelle justice pour les hommes ?

Anouilh interroge ici la notion de justice. Il y a d'abord le choix d'Antigone face à l'injustice, et parce qu'elle n'a pas prêté serment de servir, de porter secours à l'âme de Polynice. C'est la différence entre le légal et le moral : son acte est interdit, mais il lui semble juste. Deuxième idée, celle de Créon, détenteur de l'autorité autant que garant de l'ordre. Il en est responsable, quel que soit le prix à payer. Mais il est confronté à un dilemme lorsqu'il apprend qu'il devra punir de mort sa propre nièce. D'abord, il estime qu'Antigone a agi contre la loi car elle se sentirait supérieure à elle, par son statut royal, lui opposant que *« la loi est d'abord faite pour les filles de roi »*. Ensuite, il entre dans un processus de négociation, avec Antigone et avec lui-même, puisqu'il lui demande de ne rien dire à personne du fait qu'elle a bravé la règle, envisageant de *« faire disparaître »* les gardes. Lui, si droit, est confronté à son rôle de garant du respect des règles car il connaît celle qu'il devra punir. Elle est même la fiancée de son fils, raison de plus pour ne pas vouloir sa perte. Enfin, il y a les gardes, incarnation de ce que décrira Hannah Arendt comme la « banalité du mal » : ces hommes, de bons bougres avec femmes et enfants, qui ont peur de la fureur du roi, ne font que leur travail ; ils sont les auxiliaires *« toujours innocents »* de l'ordre établi.

RÉSUMÉ

Colin est un jeune homme fortuné et naïf. Chick, son ami ingénieur, et grand admirateur du philosophe Jean-Sol Partre, dont il collectionne le moindre ouvrage, ne cesse d'être à court d'argent. Colin invite Chick à déjeuner d'un repas confectionné par Nicolas, l'obséquieux cuisinier. Chick explique à son ami qu'il a rencontré une jeune femme, Alise, la nièce de Nicolas, à l'occasion d'une conférence du philosophe. Chick est enthousiaste, Alise lui paraît aussi admirative de Partre que lui. Le lendemain, les amis se retrouvent à la patinoire. Colin est troublé par Alise. Envieux de Chick, car lui aussi voudrait être amoureux, Colin ne dit pourtant rien. Nicolas arrive avec Isis Ponteauzanne – le seul personnage qui a un nom de famille –, sa maîtresse. Isis les invite tous à une grande fête qu'elle organise en l'honneur de son chien. À l'approche de la fête, Colin rêve encore de tomber amoureux. Nicolas lui enseigne une danse, le biglemoi. À la fête, Colin rencontre Chloé. C'est le coup de foudre. Ils sont naïfs, délicats, abhorrent le travail. Les amoureux s'épousent, lors de très belles noces, et partent en voyage avec Nicolas. Mais Chloé tombe malade. Ils rentrent, et même le docteur Mangemanche, pourtant réputé, échoue à la soigner. La jeune mariée a un nénuphar qui s'est développé dans sa cage thoracique. Colin ne cesse alors d'acheter des fleurs, pour que Chloé en respire l'odeur et que le nénuphar disparaisse. Entre-temps, il a fait don d'un quart de sa fortune, vingt-cinq mille doublezons, à son ami Chick, endetté par sa collection des ouvrages de Partre. Cet argent doit servir à Chick à épouser Alise. Colin a de moins en moins d'argent, et bien que Chloé soit opérée, le mal ne part pas ; au contraire, un deuxième nénuphar lui pousse dans l'autre poumon. Il semble à leur amie Alise, venue en visite, que l'appartement de Colin et Chloé a rétréci. Colin doit se résoudre à chercher un emploi, et est engagé à construire des canons de fusil. Mais des roses blanches en acier poussent au bout des canons qu'il fabrique ; Colin est renvoyé. Entre-temps, il a revu plusieurs fois Alise, et ne peut se départir du sentiment que, même si Chick a fait son choix en premier, ils auraient formé un joli couple. Son sentiment est partagé par Alise ; ils s'embrassent. Elle quitte Chick, car son admiration pour Jean-Sol Partre est devenue insupportable. Elle décide de tuer le philosophe, qu'elle tient pour responsable de l'obsession de Chick. Elle met le feu à plusieurs librairies et meurt. La police vient chercher Chick, le tue à son tour. Colin dégote un nouvel emploi : il devra annoncer les mauvaise nouvelles. Bientôt, son propre nom apparaît sur la liste : il sait que la fin de Chloé est proche. Elle meurt ; Colin doit se résoudre à l'enterrer de façon indigente, n'ayant plus un sou. L'appartement des amoureux s'effondre.

L'Écume des jours

Boris Vian **1947**

Boris Vian (1920-1959) est né à Ville-d'Avray, dans une famille aisée. Il est admis à l'École centrale. Il en sort ingénieur. La Seconde Guerre mondiale, dans laquelle, comme d'autres, il ne s'engage pas, le marque. Boris Vian, en plus de ses études, joue de la musique et monte un petit groupe de jazz avec ses frères. Au cœur de la vie artistique et snob de Saint-Germain-des-Prés, il se démarque par son amour d'Armstrong, Ellington, et son jeu de trompette. Il fréquente Jean-Paul Sartre – qui sera l'amant de sa femme –, Maurice Merleau-Ponty, Juliette Gréco, Jacques Prévert ou encore Louis Armstrong. En 1946, Boris Vian écrit sous le pseudonyme de Vernon Sullivan *J'irai cracher sur vos tombes*, qui fait scandale. On accuse l'ouvrage d'être « *bassement pornographique* » et Boris Vian, s'il nie en être l'auteur, est soupçonné. La maison Gallimard refuse d'éditer son *Automne à Pékin*. Vian et son éditeur sont attaqués en justice, mais les poursuites sont abandonnées en 1947. Scénariste, écrivain, traducteur, musicien, parolier, chanteur et poète, les multiples passions de Vian le conduisent à produire une œuvre prolifique : des romans *L'Écume des jours* (1947) à *L'Arrache-cœur* (1953), de l'essai *Manuel de Saint-Germain-des-Prés* (1951) au recueil de poèmes *Les Fourmis* (1949), de la chanson *Le Déserteur* (1954) au cinéma. Il laisse un univers littéraire au goût de l'absurde, où les jeux de mots et les inventions fourmillent. Vian meurt en 1959, à 39 ans, d'un arrêt cardiaque.

① L'incipit

L'incipit, du latin *incipio* (« commencer »), désigne le début d'un récit, souvent sa première phrase, et par extension la première scène de présentation, de mise en situation d'un roman. Ici, le lecteur découvre Colin, un jeune homme naïf et fortuné, à la jolie plastique. Il n'a pas de nom de famille. Antihéros, ni particulièrement courageux ni très intelligent, c'est un homme gentil mais banal. L'atmosphère est gaie, à l'image de la légèreté de son héros. Son appartement est bourgeois et moderne. De nombreux objets sont amassés dans les différentes pièces ; sans doute, pour Boris Vian, était-ce le moyen de critiquer l'expansion d'une société de consommation où l'on invente chaque jour quelque chose à vendre. Si l'ensemble paraît proche du monde réel, des éléments font rapidement pencher le récit dans le merveilleux, ou l'absurde : par exemple, les comédons de Colin qui se rétractent tout seuls. La première scène se déroule dans la salle de bains de Colin. Le lecteur rencontre aussi Nicolas, le cuisinier réifié (échangé contre le cuisinier de sa tante), qui parle d'un plat étonnant, et Chick, le fier ami de Colin. La souris qui interviendra à différents endroits du récit fait également son apparition. L'univers, déjà coloré, devient alors faussement enfantin et rieur. On notera aussi que, dune façon parodique, Vian commence son récit par le verbe *« terminer »*.

② Structure de l'œuvre et narration

L'Écume des jours comporte soixante-huit courts chapitres (une page environ). Presque chaque chapitre dure une journée. Le découpage est séquencé et rythmé – on songe à l'amour de Vian pour la musique. On pourrait le comparer à un découpage de scénario de cinéma, car dans chaque scène l'action progresse. On note aussi l'importante place accordée aux dialogues ; le reste n'est que description du décor ou de l'ambiance. C'est un récit linéaire – si les personnages n'ont pas de passé, ou ne semblent pas en avoir, il n'y a pas non plus dans la construction du récit de sauts dans le temps, ni retour en arrière, ni ellipse, ni saut dans le futur. Ou alors, seulement par le vieillissement soudain d'un personnage, produit de l'univers merveilleux plutôt qu'entorse à la structure du récit. On peut distinguer dans tous ces chapitres plusieurs parties. Une première, heureuse et insouciante, jusqu'à ce que Colin rencontre Chloé et en tombe éperdument amoureux. Une courte période d'amour heureux s'ouvre, jusqu'aux noces, et la maladie de la jeune épouse. Une deuxième partie s'ouvre, celle du déclin, du dépérissement, à l'image des murs et du plafond de l'appartement. Les scènes trouvent un nouveau rythme, avec une succession de plus en plus rapide d'événements tragiques : Chloé est malade, Chick est fou, Alise assassine. La violence frappe les chapitres comme un mouvement de musique final.

③ Procédés comiques

Qu'il s'agisse de comique de situation, de caractère, de mots, de comique absurde, ironique, humoristique, Boris Vian joue. Il y a d'abord le comique de caractère : Colin ou Chloé, par leur naïveté et leur indolence, sont parfois comiques, comme lorsque Chloé, n'ayant pas reconnu un mineur au bord de la route et le prenant pour un animal, pousse un cri d'effroi ou de stupeur. Il s'agit là de grossir le trait, de donner au caractère de la jeune femme une dimension comique, illustration de sa naïveté. Il y a ensuite le comique produit par l'addition de l'humour et de la situation : lorsque Nicolas doit avouer qu'il a effectivement passé la nuit avec deux jeunes femmes, dans le même lit, le dialogue à mots semi-couverts entre lui et ses amis interloqués, voire choqués, ne manque pas de faire rire. Il y a aussi l'usage de l'ironie : la description de la foule se pressant à la conférence de Jean-Sol Partre, ou des personnes qui se bousculent pour embarquer au Bourget et se faire larguer en parachute, montre un regard distancé et amusé de Vian sur une scène, bien que largement exagérée, sans doute inspirée de la réalité. En grossissant le trait jusqu'au grotesque et à l'absurde (la scène du corbillard), l'auteur parvient à faire rire. Il y a, enfin, le comique de mots. Boris Vian est connu pour son amour du jeu et du langage, sur lequel nous reviendrons.

④ Un univers coloré, merveilleux, onirique

« Cette histoire est entièrement vraie puisque je l'ai imaginée d'un bout à l'autre. » L'auteur, dans le préambule, indique au lecteur le chemin de l'imaginaire. C'est cela qui importera, pas le réalisme, encore moins celui des choses. Boris Vian refuse l'objectivité et entoure son action d'une atmosphère onirique, merveilleuse. Déjà, par le langage, il crée des choses, des objets, des mots, donc des sens. Participent l'avalanche de fleurs, présentes en permanence, les couleurs – tout est décrit comme un film colorisé, presque un dessin animé, tout est presque encore enfantin. Le wagonnet, au moment de la cérémonie de mariage, en est une autre illustration. Les couleurs sont pour autant des indications de sens. Boris Vian fait revêtir à l'homme d'Église un habit jaune et violet, que le personnage considère comme élégant. Vian se moque. Les couleurs révèlent les personnages, notamment lorsque Chick a les yeux qui rougissent (*« dont les yeux se mirent à briller de feux alternatifs et rougeâtres »*). Il y a pour servir cet univers les mets étonnants de Nicolas, dont se repaissent les convives. La souris, enfin, offre un contrepoint intéressant : c'est un personnage classique de bande dessinée ou de cartoon, qui est doué de sentiment puisqu'elle se suicide en mettant sa tête dans la gueule du chat à la fin, quand Colin est désespéré.

⑤ Boris Vian et le langage comme terrain de jeu

Boris Vian joue avec les mots. Il renverse le sens et les sonorités, s'en amuse. Ainsi, de Jean-Paul Sartre, il fait Jean-Sol Partre, de Simone de Beauvoir, il fait la duchesse de Bovouard. Il y a là un trait d'humour potache, puéril, comme pouvaient le pratiquer les jeunes sur les bancs des grandes écoles, Centrale ou Normale par exemple, se renommant allégrement entre camarades, cherchant les meilleures combinaisons. Boris Vian se régale de détournements. Une expression répandue prend un tour singulier. Par exemple, il transforme « bayer aux corneilles » en « bayeurs aux cornemuses ». Il tord aussi les mots, décidant soudain qu'un mot perdra une syllabe (« béniction » = « bénédiction »), car il se moque, et ridiculise ainsi l'univers, ici religieux. Il s'amuse aussi à monter des images absurdes, impossibles physiquement, comme décrire une chose comme à la fois ronde et triangulaire. L'auteur se joue des sens, des définitions. Il fait parfois devenir réelles des choses que le langage suggère, ou les personnifie. Ce jeu de langage permet d'éclairer une réalité, ou de faire de l'humour. Boris Vian n'est pas le premier à jouer avec les mots – les dadaïstes ou les surréalistes l'ont prouvé –, mais ne se revendique d'aucune école. Il crée un univers reconnaissable par le lecteur mais mis à distance, singularisé par le nouveau sens qu'y prennent des mots connus ou la déformation d'autres.

⑥ L'absurde et l'irrationnel dans le roman

Le monde présenté dans le roman est absurde : les codes sont modifiés. L'ouvrier gagne plus d'argent que l'ingénieur. Les vitrines de propagande sont le lieu d'un massacre banalisé, normal. Les poissons sont pêchés dans le robinet, la tuyauterie. Le fonctionnement de ce monde est cohérent avec lui-même, les personnages ne semblent pas s'alarmer de grand-chose. Même eux sont absurdes, avec leurs traits grossis, leur naïveté qui les ronge ou leurs passions qui les perdent. Il n'y a ici rien de rationnel. Les comédons sur le visage de Colin, personnifiés, agissent d'une façon indépendante et logique, puisqu'ils rentrent dans la peau pour s'y cacher, afin de ne pas enlaidir le jeune homme. Les objets ont une vie propre. On est entre l'absurde et le fantastique, ou l'étrange. L'absurde ne fait alors pas uniquement rire, il n'est plus seulement comique, mais il grossit et critique. Cette transposition dans un monde absurde permet à Boris Vian de jouer comme d'exprimer un message politique, au sens large du terme. Ce qui fonctionne, c'est l'alliage de l'irréel, de l'irrationnel, et d'un monde familier qui a pourtant sa propre logique. Par les qualités qu'il prête aux objets, Vian parle d'irrationnel, car ce sont elles qui troublent le lecteur, qui le surprennent. Ce qui semble normal n'est pas. Vian l'indique d'ailleurs : *« L'essentiel est de porter sur tout des jugements a priori. »*

7 Le thème de la maladie

Faut-il voir dans *L'Écume des jours* et son traitement du thème de la maladie un regard de l'auteur sur ses propres maux ? Faut-il voir dans cette projection tant onirique qu'absurde une distanciation de Boris Vian vis-à-vis des maladies qui le rongèrent ? Enfant, l'auteur avait la santé fragile – comme quelques autres grands auteurs –, et il eut des problèmes cardiaques une longue partie de sa vie. Là, c'est le personnage de Chloé qui est touché par le mal. Dans l'incapacité du réputé Mangemanche de trouver un remède, on peut voir l'aspect incurable et mystérieux de la maladie. Le nénuphar qui lui pousse dans les poumons semble alors une poétique exploration de ce qui ronge de l'intérieur. Ce n'est d'ailleurs pas seulement la malade qui pâtit de cette maladie, mais également son entourage : Colin, qui vient à tous les sacrifices, presque sale, lui qui est d'ordinaire si apprêté ; Nicolas, qui semble avoir vieilli d'une façon fulgurante ; Alise, inquiète de tout voir sombrer autour d'elle… Chloé, malade, ne peut plus vivre, car l'eau dont son corps aurait besoin la détruirait, puisqu'elle ferait pousser la fleur mortelle. Du fait que Boris Vian a choisi de placer son action dans un univers onirique, poétique, voire symbolique, l'appartement s'effondre réellement, en même temps que les personnages dépérissent. La métaphore appliquée permet de renforcer les aspects dramatique autant que comique.

8 Une critique sociale

En transposant son action dans un cadre merveilleux, Boris Vian ne manque pas d'égratigner la société contemporaine. D'ailleurs, si l'argent se compte en doublezons, ou si les objets sont parfois personnifiés, le cadre de vie des personnages reste similaire à celui des années cinquante – en témoigne l'allusion à Jean-Paul Sartre et Simone de Beauvoir. On l'a dit, Boris Vian est sorti marqué de la Seconde Guerre mondiale. Il y a, dans *L'Écume des jours*, une critique de la guerre ; la rose d'acier qui pousse au bout des canons de fusil que doit fabriquer Colin en est l'illustration poétique. Au-delà de la dimension onirique de l'image, la rose est faite d'acier. Colin, lui, est impuissant à contrer la floraison de la rose ; il a juste insufflé dans l'objet sa force. L'auteur critique également la propagande, quand Chloé et Colin, à l'occasion de leur premier rendez-vous, passent devant des vitrines où des enfants sont égorgés en direct : Vian dénonce là encore, en poussant à l'extrême et donc à l'absurde, la culture publicitaire. Une culture de la pub, de la mode, que Vian égratigne par les tenues identiques des filles. Enfin, l'auteur critique la religion, à travers la cérémonie du mariage, qui regorge de descriptions ridicules ou parodiques (les wagonnets, les pédérastes d'honneur, le Christ qui rit), tandis que l'enterrement est indigne. Vian suggère la cupidité de l'Église.

9 Le travail, cet ennemi

C'est le monde du travail, ou le travail lui-même, qui est attaqué dans *L'Écume des jours* : d'un côté, Colin est héritier et possède une fortune sans travailler ; de l'autre, l'emploi de Chick lui permet difficilement de vivre. La comparaison entre les deux amis dégage un premier paradoxe. C'est ensuite et surtout le dialogue entre Chloé et Colin, lors de leur voyage de noces, qui met à mal le travail. Les travailleurs des mines qu'ils observent sont grimés en bêtes ; c'est l'avilissement de l'homme dans le travail. Le dialogue est frappant en ce qu'il met en lumière la propagande faite sur les masses. Travailler, apprend-on à tous, est une bonne chose. Cette idée, que refusent Colin et Chloé, est minutieusement démontée par l'auteur, au moyen de répliques que portent les deux jeunes gens par leur candeur. C'est aussi l'hypocrisie sociale liée au rang du travailleur que dénonce Vian, par les rapports qu'entretiennent Colin et Nicolas. Ils s'apprécient et s'avouent même leur affection, ils fréquentent les mêmes soirées, jusqu'aux mêmes gens puisque Nicolas est l'amant d'Isis, qui est du même rang que Colin. Pourtant, Nicolas s'entête à le vouvoyer d'une façon obséquieuse, fière. Quand il lui apprend également que Chick ne peut participer au club de philosophie des gens de maison, il marque une stratification sociale dépendante de la position de chacun dans la hiérarchie du travail.

10 Des amours

Les personnages fonctionnent par couples, ce qui permet à Vian de s'amuser à en dépeindre différentes formes. Chloé et Colin, deux êtres naïfs et indolents, se trouvent frappés d'un coup de foudre. Ils s'aiment passionnément. Colin tentera de toutes ses forces de secourir son épouse – il ira même jusqu'à travailler. Il souffrira beaucoup de lui offrir un enterrement d'indigente. L'incarnation de ce tourment est l'effondrement de leur appartement, à la fin. Chick et Alise, eux, s'aiment d'un amour compliqué, aux multiples barrières : leur différence sociale – Chick craint de ne pouvoir payer un mariage et refuse donc d'épouser Alise, de peur qu'on la lui refuse –, la passion démesurée de Chick pour Partre. Ils forment un couple torturé. Nicolas et Isis incarnent une facette charnelle et libérale de l'amour. Il n'est guère question de tourment entre eux. Il y a aussi, enfin, le couple impossible, fantasmé, que forment Alise et Colin. Eux deux ont le regret de ne pas s'être rencontrés plus tôt, en premier. Colin fait part à Nicolas de cet ennui ; l'autre lui rappellera que Chick a fait son choix en premier. Une règle classique, que remet en cause leur baiser. Les douleurs sont définitives, des êtres charmants en viennent à la folie. Alise devient meurtrière et signe sa fin. Presque toujours, l'amour est voué à l'échec, et les êtres ne se rencontrent que trop brièvement.

RÉSUMÉ

La Peste est un roman en cinq parties. À Oran, en Algérie, dans les années 1940, on commence à trouver des rats morts un peu partout. La presse en annonce bientôt 6 000. La panique gagne la population, qui accuse la mairie de manquer à ses missions ; mais les rats disparaissent et le calme revient. Le concierge de l'immeuble du docteur Rieux tombe malade, et plusieurs personnes décèdent à leur tour. Grand, un employé municipal, demande son aide à Rieux pour éviter qu'un de ses amis ne se suicide. La mairie décide finalement d'ordonner une fermeture sanitaire de la ville. Entre-temps, Rieux a envoyé sa femme, malade, se faire soigner ailleurs. On apprend que le mal qui gagne le monde est la peste. La deuxième partie s'ouvre sur un climat angoissant, où les habitants de la ville, repliés sur eux-mêmes, commencent à changer d'attitude. Certains passent le temps et dissolvent leurs angoisses dans des plaisirs futiles. Chacun se sent isolé, comme coupé du monde et de leurs proches domiciliés dans d'autres villes. La peur se propage ; les interrogations aussi. Le journaliste Rambert veut rentrer dans sa ville d'origine, Paris ; mais il se joint finalement au docteur Rieux pour l'aider à soigner. Paneloux, un curé, voudrait convaincre que la peste est la volonté de Dieu, une punition pour les péchés commis. Au contraire, Tarrou, un homme rationnel, pas originaire d'Oran, et fils d'homme de droit, ne croit guère en ces prêchi-prêcha et cherche une explication valable, sanitaire. Il prête main-forte à Rieux et Rambert. Il n'en faudrait guère plus pour parler de psychose collective ; les esprits s'échauffent, les clivages se font. La troisième partie est celle de la désolation. La situation sanitaire ne s'est pas améliorée ; au contraire, les cadavres s'empilent. L'espoir semble perdu, le chaos s'installe. Comme si dans l'attente d'une mort qu'on renonçait à combattre, l'idée de civilisation n'avait plus lieu d'être. Les maisons sont pillées. La répression est rude. Dans la quatrième partie, Rambert a décidé de ne pas quitter Oran. Avec Rieux et Tarrou, ils sont engagés dans un combat, sans savoir s'ils peuvent vaincre. Un enfant meurt. Chacun est bouleversé ; l'homme de médecine et l'homme d'Église en premier. Après la mort du curé, c'est au tour de Grand d'être sur le point de quitter cette terre. Mais une potion le guérit. Dans la dernière partie, alors que l'on a vu des rats en bonne santé réapparaître en ville, la contamination semble ralentir. Tarrou, déjà malade, meurt à son tour. Rieux n'a pas perdu qu'un ami ; un télégramme l'informe de la mort de sa femme. Mais la ville s'ouvre à nouveau, libérant les habitants, pourtant éprouvés par ce long épisode d'emprisonnement et d'absurdité. L'humain est précaire, voilà ce que tous ont retenu. On n'apprend qu'à la fin que c'est Rieux qui racontait l'histoire ; comme un message de vigilance offert aux autres.

La Peste

Albert Camus **1947**

Albert Camus (1913-1960) est né au mois de novembre en Algérie. Très jeune, âgé d'à peine 1 an, il devient orphelin de père, celui-ci ayant été mobilisé dans l'armée française. Il grandit à Alger, avec sa mère et son frère, Lucien. Leur mère laisse leur grand-mère leur donner une éducation ferme. Grâce à son instituteur qui décèle ses capacités, Albert Camus obtient une bourse et étudie à l'Université, où il s'intéresse à la philosophie. Après avoir commencé comme journaliste à Alger, il rejoint Paris. Il publie *L'Étranger*, puis, alors que la Seconde Guerre mondiale éclate, il vient gonfler les rangs de la résistance. Devenu rédacteur en chef du journal *Combat*, il y publie notamment des éditoriaux laissant libre cours à ses opinions, parmi lesquelles sa fervente opposition à la bombe atomique. Camus n'a que trop connu la guerre, y compris celle d'Algérie, qui le marquera profondément, bien qu'il n'y ait pas réellement pris part. Le journaliste et homme de lettres est aussi homme de théâtre ; il adapte par exemple le *Requiem pour une nonne* de William Faulkner. En 1947, *La Peste* entérine sa célébrité. Dix ans plus tard, en 1957, l'auteur est sacré prix Nobel de littérature, et ce pour l'ensemble de son œuvre. On dit alors de son travail qu'il *« met en lumière [...] les problèmes qui se posent de nos jours à la conscience des hommes »*. Au mois de janvier de l'année 1960, Albert Camus perd la vie dans un accident de voiture.

① L'incipit : intriguer le lecteur

Le mot latin *incipio*, qui signifie « commencer », donne son origine au terme d'incipit. C'est le moment où le lecteur décide de s'intéresser ou non à l'intrigue ; en cela, l'incipit doit intriguer, ce que ne manque pas de réussir Camus ici en débutant par *« les curieux événements qui font l'objet de cette chronique se sont produits en 194. à Oran. »* Nous avons le lieu et l'époque (bien que la décision de ne pas dater précisément le récit attire l'attention et s'inscrive dans le style du roman) ; mais Camus ne dit pas tout. Ainsi, l'emploi des termes « curieux » et « un peu » est pour le moins faible. Camus parvient à intriguer en conjuguant des éléments de suspense (le lecteur veut savoir ce que sont ces curieux événements et pourquoi on ne les date pas) et un cadre en apparence banal, presque ennuyeux : *« de l'avis général [ces événements] n'y étaient pas à leur place, sortant un peu de l'ordinaire », « la cité est laide », « ce n'est pas particulier à notre ville », « à Oran comme ailleurs, faute de temps et de réflexion, on est bien obligé de s'aimer sans le savoir »*. Pourquoi le lecteur s'intéresserait-il donc à cette ville, si ce n'est pour la force du style, de la plume de son auteur (voir la dernière citation) et parce que ces *« curieux événements »* n'ont pas l'air d'y avoir leur place ? En cela, cet incipit est une belle illustration du pari (gagné) d'intriguer le lecteur.

② Remarques sur la citation mise en exergue

Il est parfois plus aisé de comprendre le choix d'un auteur de mettre telle ou telle citation en exergue d'un roman après la lecture de ce dernier. Camus a opté pour une phrase de Daniel Defoe : *« Il est aussi raisonnable de représenter une espèce d'emprisonnement par une autre que de représenter n'importe quelle chose qui existe réellement par quelque chose qui n'existe pas. »* C'est en parcourant le roman que l'on comprend que la peste n'est pas le sujet réel. L'idée, en faisant revêtir au nazisme un autre visage que celui qui est à l'évidence politique, c'est d'abord de permettre au lecteur de ressentir les conditions de l'oppression par l'usage de la transposition. Cette distanciation du sujet premier permet une approche dénuée de préjugés, et de rendre l'ensemble littéraire. Pour Camus, finalement, peu importe que la peste soit effectivement la cause des tourments ; que cette peste trouve ou non ses origines dans une logique rationnelle. Pour lui, la domination et l'absence de liberté sont insupportables, quels que soient leurs formes ou le visage qu'elles prennent. En choisissant de citer Defoe en exergue, Camus met alors son orgueil d'écrivain à distance – d'une façon sous-jacente, la difficulté de la transposition est indiquée. Mais surtout, il assume de ne pas être ici raisonnable. Nous reviendrons plus tard sur la dimension de révolté d'Albert Camus.

③ Tragédie individuelle ou tragédie collective ?

Camus traite-t-il d'une tragédie collective ou d'une tragédie individuelle ? La tragédie est d'abord individuelle. D'autant que, nous le verrons, la rupture des moyens de communication, tant avec l'extérieur de la ville (interdiction des correspondances pour éviter la propagation de l'épidémie, par exemple) qu'avec l'intérieur (conversations banales qui réduisent chacun au silence sur son propre désarroi), isole tellement l'homme qu'il vit d'abord la tragédie d'une manière individuelle, solitaire. En revanche, dès lors que l'action commune est pensable, la tragédie devient collective. La fatalité de la tragédie individuelle se déplace vers une fatalité collective – pas si fatale que ça, finalement, si les hommes entrent en action, s'assemblent et luttent, à l'image du trio Rieux-Rambert-Tarrou, qui décident de soigner les malades et d'essayer, même sans réelle certitude d'y parvenir, d'endiguer l'épidémie. La peste elle-même est trop présente pour rester une expérience individuelle. Mais le message est là : par l'action collective, par le soulèvement dans l'alliance, les hommes peuvent vaincre – bien qu'on ne sache finalement pas vraiment pourquoi la peste finit par s'éteindre. On ignore également pourquoi l'action collective ne sauve pas les êtres individuellement : Tarrou meurt, et, indirectement, Rieux vit un drame lorsqu'il apprend la mort de son épouse.

④ Visée lyrique de la scène de la mort de l'enfant

Camus a recours à un procédé lyrique. La scène de la mort de l'enfant en est l'illustration ; si aucun passage n'est grandiloquent, difficile de ne pas voir dans cette mort une dimension lyrique. L'enfant, c'est l'innocence par excellence ; c'est donc la victime idéale pour quiconque voudra dénoncer ; ici, l'effet de la peste, ou plus justement de la dictature. Cette dénonciation procède en deux temps. D'abord, le temps de l'émotion : comment ne pas s'attendrir devant cet innocent qui souffre, qui par définition n'est coupable de rien et peut-être même rendu encore plus victime par son incapacité de lutter ? Le second temps est celui de l'indignation. Plus la victime est « victimisable », plus l'émotion peut facilement devenir révolte. L'usage du symbole de l'innocence, du symbole de l'enfant, permet ainsi une facilitation de la prise de conscience par le lecteur de l'horreur de la situation. Reste à se demander encore une chose : est-ce que ce choix de l'enfant comme victime idéale est l'occasion pour Camus de dénoncer aussi l'indifférence des adultes les uns à l'égard des autres ? En effet, pourquoi la victime devrait-elle être caractérisée par la figure de l'enfant pour toucher, pour émouvoir, pour révolter enfin ? En faisant ce choix, Camus permet finalement de s'interroger sur l'aveuglement dont chacun peut parfois faire preuve face aux souffrances du monde – aussi adulte soit-il.

5 Les Arabes, grands absents de la lutte camusienne contre l'oppression

Il est frappant qu'alors que le récit se déroule à Oran, les Arabes eux-mêmes ne soient pas évoqués – à peine, en effet, le sont-ils à travers une visite dans un quartier qu'ils habitent, ou un reportage de Rambert. Aucun personnage, en dehors de cela, n'est arabe, ou juif. En fait, la dimension particulière de la ville arabe est éludée par le sujet principal du roman – et, en dehors de l'amour de Camus pour les décors méditerranéens où il a grandi, il fallait un sentiment d'isolement d'une ville coloniale pour ajouter au drame. Pour décrire l'oppression, le totalitarisme à travers l'image de la peste, cette maladie qui se répand vite, permet l'exposition des cadavres et, surtout, rend chacun suspicieux envers l'autre, devait-il forcément éluder les Arabes de son récit ? Devait-il parler de la nombreuse population juive sans risquer d'avoir l'air de ne traiter que du nazisme – ce dont il parle, précisément, mais indirectement ? En même temps et justement, comme le rappelait l'universitaire Martine Mathieu-Job en 2010, exclure les Arabes du champ du récit permet paradoxalement d'évoquer l'occupation française en Algérie. Ou plutôt les attitudes qu'il préconise : l'ouverture à l'autre, en premier lieu. Les incursions de la question coloniale dans le récit permettent de rappeler l'injustice de l'inégalité des conditions, encore une fois terreau d'une remontée du totalitarisme.

6 L'homme face à la mort

Au fond, cette peste est une réflexion sur la condition humaine et sur la façon dont les hommes réagissent et se positionnent face au surgissement du tragique dans une vie apparemment paisible. La futilité des conversations pendant le déroulement de l'épidémie, donc de la tragédie, est une illustration du fait que les hommes sont capables d'une telle apathie que, même sortis de leur quotidien par la force des choses, ils s'y capitonnent, s'y complaisent. Ils cherchent à – faussement – raisonner, se dire que « ça ira » : « *Ce vertige ne tenait pas devant la raison. Il est vrai que le mot "peste" avait été prononcé, il est vrai qu'à la minute même le fléau secouait et jetait à terre une ou deux victimes. Mais quoi, cela pouvait s'arrêter. Ce qu'il fallait faire, c'était [...] chasser enfin toutes ces ombres inutiles et prendre les mesures qui convenaient. Ensuite la peste s'arrêterait parce que la peste ne s'imaginait pas ou s'imaginait faussement.* » Rares sont ceux qui se soulèvent ou cherchent des réponses (l'opposition entre la logique rationnelle de Tarrou et la logique spirituelle de Paneloux). Aussi la question de la mort est-elle omniprésente. Il y a ceux qui sont revigorés par l'imminence de la mort (Cottard) ; il y a ceux qui abandonnent finalement (Paneloux) ; et il y a ceux qui se battent (Rieux, Tarrou, Rambert), sans forcément en tirer eux-mêmes un bénéfice (Tarrou meurt).

7 L'absurde

Pour Albert Camus, l'existence, la naissance même sont dès le départ absurdes. C'est d'ailleurs la fonction du drame, dans un monde absurde : agir comme un révélateur de l'âme humaine, du moins, du comportement de certains, en situation individuelle et collective. L'absurdité, Albert Camus en a déjà longuement parlé dans son *Mythe de Sisyphe* : l'image de l'homme condamné à éternellement faire rouler une pierre représente pour Camus notre vie. Alors le surgissement du drame permet une (illusion ?) d'échapper à l'absurde – mais pour lutter, il faut d'abord accepter que l'existence soit absurde ; le monde, lui, n'a pas à l'être. Et il faut noter qu'aucune des issues à la peste ne réside dans l'inaction : que Paneloux ait raison ou non de prier, que Rieux, Tarrou et Rambert aient raison ou non de s'organiser, les deux derniers décidant de ne pas fuir (Rambert en a pourtant l'occasion, tandis que Tarrou n'est même pas originaire d'Oran), que Grand ait raison ou non de décider de ne pas mourir et de se réjouir, même, du malheur des autres ; à chaque fois, la réponse se trouve dans l'action. La mort de l'enfant, enfin, met un bémol à cette acceptation de l'absurde : si, dans l'histoire de Sisyphe, Camus plaidait pour qu'il accepte son sort et parvienne malgré tout à être heureux, il ne peut qu'être révolté par la mort qui, dans *La Peste*, frappe au hasard ; et ici, un enfant.

8 Albert Camus face au XXe siècle : parallèles avec la guerre de 1939-1945

On le sait, Camus a été engagé dans la Seconde Guerre mondiale. Là, la comparaison entre les comportements sous l'Occupation et ceux du roman – tentatives de se raccrocher à des explications ou des systèmes de valeur (le curé contre Tarrou) plus ou moins justifiés, tentation de se laisser aller au désespoir et aux plaisirs superficiels – est frappante. Autre élément de comparaison avec la Seconde Guerre mondiale : l'interruption, ou, du moins, les difficultés soudainement rencontrées à communiquer, à échanger des informations. Dès que la ville est fermée, les uns et les autres éprouvent de l'embarras à communiquer non seulement avec l'extérieur (*« se virent d'un seul coup éloignés sans recours, empêchés de se rejoindre ou de communiquer »*), mais aussi entre ceux qui sont enfermés. Comme si, là encore, l'enfermement ne pouvait que s'accompagner d'un isolement – même entre prisonniers. Frappant parallèle, là aussi, avec les temps de guerre où la population est contrôlée par la solitude forcée. L'information qui se répand, et c'est la panique générale. Voilà pourquoi les citoyens doivent être muselés – en leur faisant tenir des conversations banales, sur le sport par exemple. Envahis par cette solitude, ils finissent par en perdre le goût de la plaisanterie (plus personne ne dissimule *« son inquiétude sous des plaisanteries »*). C'est le silence, alors, qui achève de tuer.

9 Le religieux à travers la figure de Paneloux

Face à une situation d'angoisse, le recours au religieux est courant. À travers le personnage de Paneloux, Camus, lui-même athée, décrit cette inclination de l'homme. Paneloux est un personnage complexe : curé, il est l'incarnation du religieux, mais après la mort de l'enfant innocent, il doute. Si à sa mort il s'oppose à ce que le médecin tente de le sauver, il n'en a pas moins douté. Ce passage du doute dans la foi est intéressant et confère un aspect dramatique à la situation. D'autre part, lorsqu'il prêche, il livre une vision – forcément orientée – de l'épisode de peste qui s'abat sur la ville. Son discours est alimenté par des éléments de persuasion : oxymores destinés à marquer (*« dévorante tendresse »*), usage du discours direct (il dit directement « vous » aux fidèles et les prend à partie), usage du ton docte (*« voilà pourquoi »*, *« il ne faut pas »*), usage d'anaphores… Camus démontre les procédés de persuasion utilisés par l'Église d'une façon saisissante. Paneloux tente d'expliquer la peste par la volonté de Dieu. Habile façon d'expliquer l'inexplicable, comme de justifier l'existence humaine. Camus, quant à lui, opère une mise à distance de ce discours ; la scène met alors en perspective les possibilités qui s'offrent à l'homme. Il utilise notamment l'ironie, légère, pour montrer que, comme le docteur Rieux, il ne croit pas en une telle façon d'exister.

10 Camus, un révolté

« Je me révolte donc je suis », écrivait Camus. Se révolter, c'est se lever contre l'ordre établi, c'est interroger l'arbitraire ; sans cela, il n'y a pas d'être. On n'*est* pas passivement. On *est* dans l'action. C'est ce que dit Camus, notamment à travers le récit de la mission de Rieux, Tarrou et Rambert contre le fléau. La peste du roman n'est qu'un prétexte pour parler de l'emprisonnement, de l'oppression de l'homme. Ce que l'auteur nous raconte ou nous enseigne, ce n'est pas une histoire d'épidémie ou de scandale sanitaire. Cette mise en quarantaine des habitants d'Oran apparaît comme injuste, arbitraire, en ce que le fléau de la peste n'a pas été mérité par les hommes et qu'il est sorti de nulle part, alors que l'on ne s'y attendait pas. En fait, la peste, c'est le totalitarisme. Et lorsqu'à la fin on apprend que c'est Rieux, le curateur, le combattant, qui a raconté l'histoire, c'est parce que le médecin est conscient de la précarité de la guérison. Ce que dit Camus, c'est : attention, la peste peut revenir ; comme le totalitarisme et l'oppression. Une ville n'est médicalement saine que tant que la prévention se déroule correctement ; les mondes que l'on croit libres ne le sont que tant qu'on maintient la vigilance sur le respect des droits et des libertés des hommes. Si l'on n'y prend pas garde, l'injustice, enfin, est le terreau de l'oppression.

RÉSUMÉ

Les Mots est un roman autobiographique en deux parties : « Lire » et « Écrire ». Ce sont les composantes fondamentales du destin de Sartre. Il n'y a pas, outre ce découpage en deux parties, de chapitres. La première partie, « Lire », raconte rapidement l'histoire familiale du côté maternel, et pose la mort du père. Sa mère, veuve, retourna vivre chez ses parents, où elle était traitée en éternelle mineure. De là, naît chez Sartre le sentiment confus que sa mère pourrait aussi bien être sa sœur, scellant la relation particulière qui les unira au point de troubler l'écriture de cette autobiographie romancée. Dans cette partie, le jeune Poulou, ainsi qu'était surnommé Sartre, découvre la lecture. Son grand-père, un professeur d'allemand, connaissait les lettres, mais ce fut surtout sa mère, Anne-Marie, qui lui procura les ouvrages intéressants. Le jeune Sartre est aussi décrit comme lisse, solitaire, éloigné des jeux des autres bambins de son âge, voulant plaire aux adultes, imaginatif. Il est aussi décrit comme une fille, de par ses longues boucles. Plusieurs thèmes sont présents : sa laideur, qui tourmentera encore Sartre devenu adulte ; la religion (il est issu d'une famille catholique – sa mère – et protestante – son grand-père – mais manifestement impie), de laquelle il se détache progressivement – élément important de sa future doctrine existentialiste, qui se veut « hors religion » ; l'éducation (il fait le récit de son passage à l'école communale, ou de ses cours particuliers). Une découverte marquante pour le jeune Sartre est également celle du cinéma – muet – qui faisait à l'époque ses débuts populaires. La seconde partie, « Écrire », est la suite logique à l'apprentissage de l'écriture, bien qu'elle ne soit pas une suite chronologique stricte de la première partie. Jeune, Sartre réécrit les histoires qu'il lit : il nomme cette pratique, revendiquée, le *« plagiat délibéré »*, que son grand-père désapprouve. Celui-ci, d'ailleurs, souhaite que Sartre ne devienne pas écrivain, tandis qu'il est convaincu d'être sur la bonne voie. Sartre se prend à rêver à sa future vie d'écrivain, imaginant ses rapports avec son éditeur potentiel ou ses succès à venir. Il y a presque une dimension divine dans cette vocation, à laquelle il estime avoir été élu. Cette seconde partie est également le lieu de la critique de l'époque, une critique politique et sociale déjà entamée en filigrane dans la première partie, qui trouve son aboutissement avec la Première Guerre mondiale, bien que Sartre ne soit à l'époque encore qu'enfant. Plusieurs thèmes sont traités : la religion à nouveau, puisqu'il estime avoir mené une quête spirituelle le conduisant à une forme d'athéisme ; l'héroïsme ; la mort, car un de ses congénères du lycée Henri IV disparaît, ce qui marque Sartre profondément ; la relation avec sa mère enfin, traitée comme un dialogue permanent entre la mère et le fils.

Les Mots

Jean-Paul Sartre 1964

Jean-Paul Sartre (1905-1980) est né à Paris dans une famille bourgeoise intellectuelle. Son père meurt tôt ; c'est son grand-père maternel, Charles Schweitzer, qui incarnera la figure paternelle. L'enfant passe ses dix premières années choyé, et lit beaucoup au lieu de s'amuser. Sa mère se remarie avec un homme que Sartre haïra. Il étudie au lycée Henri IV aux côtés de Paul Nizan, avec qui il entre ensuite à l'École normale supérieure. Sartre s'y illustre par ses traits d'esprit et son humour. Sur les bancs de l'ENS, Maurice Merleau-Ponty ou Raymond Aron sont également présents. Après avoir échoué à l'agrégation de philosophie, il rencontre Simone de Beauvoir. Ils obtiennent l'agrégation. Leur amour libre, « amour nécessaire » par opposition aux « amours contingentes » (aventures épisodiques), consacre la liberté de penser et d'agir du duo, qui restera un couple jusqu'à la mort de Sartre. C'est pendant la Seconde Guerre mondiale que Sartre s'engage politiquement, du côté marxiste. Il prend ses distances avec le stalinisme, et lance la revue *Les Temps modernes*, où il critique la guerre d'Indochine, après avoir écrit dans *Combat*. En 1973, il fonde le quotidien *Libération*. Philosophe et auteur, Sartre s'est illustré par sa pensée existentialiste, selon laquelle l'existence précède l'essence. Il est l'auteur de *La Nausée* (roman, 1938), *Huis clos* (théâtre, 1944), *Les Mains sales* (1948), *L'Être et le Néant* (philosophie, 1943), ou encore *Réflexions sur la question juive* (essai, 1946).

① Une autobiographie partielle et partiale

Les Mots est le seul ouvrage autobiographique de Sartre, mais il ne couvre qu'une petite part de sa vie, son enfance. Si l'on fait exception des *Mémoires* et de *La Cérémonie des adieux*, écrits par Simone de Beauvoir, il n'existe d'ailleurs pas d'autre trace « littéraire » de la vie de Sartre. Dans l'ouvrage que nous étudions ici, Sartre élude volontairement certains passages de son enfance : le remariage de sa mère avec un polytechnicien, Joseph Mancy, qu'il détestera toujours, période qui signe la fin des *Mots*, la famille paternelle, dont il n'est pas question, ou encore la lignée bourgeoise de sa famille. Il ne serait en effet pas favorable à cet intellectuel de gauche d'apparaître comme un bourgeois, un héritier. Sartre opère d'ailleurs une mise à distance entre sa vie réelle et son ouvrage : il s'agit alors d'une autobiographie romancée. Pour autant, ce n'est pas l'exercice biographique qui pose problème à Sartre, qui écrivit sur Flaubert ou Baudelaire. Mais écrire sur soi-même est autrement fastidieux, bien que ses *Carnets de la drôle de guerre* soient la preuve que l'écrivain souhaitait graver, par écrit, son histoire ou son être, sa personnalité. Sartre écrit : *« Pas de promiscuité, surtout ; je tiens mon passé à distance respectueuse »*, comme s'il lui était impossible d'être à la fois auteur et sujet. Il y a là un détachement de lui-même, qui n'empêche pas la partialité.

② La figure maternelle

Il est frappant que Sartre nomme sa mère par son prénom, Anne-Marie. Il fut d'ailleurs problématique d'écrire cet ouvrage du vivant de sa mère, qui dira de l'ouvrage : *« Il n'a rien compris à son enfance. »* Il dit aussi sa fascination pour l'inceste, de par des lectures et sa relation fraternelle plus que filiale, avec Anne-Marie, qu'il rêve sœur plutôt que mère. Il écrit : *« Je ne savais rien de plus mais sous la surface lumineuse de l'idée, je pressentais une masse velue. Frère, en tout cas, j'eusse été incestueux. »* Que Sartre fasse de sa mère sa sœur n'est pas étonnant puisque son père est mort sans que Sartre ne l'ait vraiment connu ; la veuve redevient alors *« une vierge avec une tâche »*, qui refuse les avances des hommes. Elle est presque asexuée, jusqu'à son remariage, point de discorde entre le jeune Sartre et sa mère. D'autre part, Anne-Marie est volontiers décrite comme la complice de Sartre face à un grand-père, Charles Schweitzer, qu'il décrit de façon péjorative (alors que certaines des lettres que l'homme a laissées prouvent sa profonde affection pour son petit-fils), et qui lui interdit d'avoir ce qu'il nomme *« de vraies lectures »*. C'est donc Anne-Marie qui l'éveille aux contes, et lui donne les ouvrages interdits. Elle est l'instigatrice de l'amour que Sartre portera aux mots. C'est presque par jalousie pour les aptitudes de sa mère qu'il lui est important d'apprendre la lecture.

③ L'inadéquation au monde enfantin

Sartre fut un enfant solitaire, plus adapté au monde des adultes qu'à celui des enfants. Il y a une inadéquation entre le petit Poulou et les autres, et cela est frappant lorsqu'il raconte : *« Des enfants jouaient, je m'approchais d'eux, ils me frôlaient sans me voir. »* L'accumulation de propositions, où les verbes sont plus contemplatifs qu'actifs, renforce ce sentiment. Il y a un décalage entre l'admiration – ou la crainte, puisqu'il qualifie les enfants de *« juges »* – qu'il porte aux enfants, êtres extérieurs, lointains, auxquels le « je » s'oppose, et leur indifférence. Sartre ne s'identifie alors même pas comme un enfant lui-même. *« Même un rôle muet m'eût comblé »* : sa solitude est contenue dans cette phrase. Il poursuit : *« J'aurais accepté [...] de faire un blessé sur une civière, un mort. »* La progression, du rôle muet à celui de mort, montre le décalage entre sa solitude et son envie d'entrer en interaction avec les autres. Une envie vouée à l'échec. D'autre part, Sartre, on le sait, n'était par ailleurs pas un très bel homme : dans le *« comme ils étaient beaux ! Devant ces héros de chair et d'os, je perdais mon intelligence prodigieuse [...] ; je m'accotais à un arbre, j'attendais »*, se trouvent les prémices de la construction de Sartre. Comme disqualifié, d'emblée, par un physique difficile et une petite taille (*« gringalet »*), c'est par les mots et leur maniement que Sartre deviendra homme.

④ L'ironie dans *Les Mots*

On l'a dit, Sartre s'est autorisé des distances entre sa vie réelle et ce qu'il en raconte. S'il se montre à première vue volontiers orgueilleux voire prétentieux dans cet ouvrage, il n'en garde pas moins une vraie distance avec lui-même, sur qui il porte un regard ironique. Sartre ne se raconte pas ici en enfant prodige, bien qu'il parle d'*« enfant merveilleux »*. Dans ce qualificatif s'annonce toute l'ironie du regard qu'il porte sur son enfance. Une ironie qui n'a pour cible que lui-même : l'autodérision plane sur tout l'ouvrage. Plus tard, lorsque Sartre écrit : *« Je mérite un prix de civisme »*, le voilà encore dans l'ironie, mais peut-être en tire-t-il ici une certaine fierté. La scène du coiffeur, après que le grand-père a ordonné à Anne-Marie de faire couper les cheveux longs de ce petit garçon *« qui ressemble à une fille »*, illustre cette distance ironique : il fait notamment la description de sa laideur. Là, l'ironie permet sans doute à Sartre d'éviter de tomber dans une analyse trop symbolique de ce passage des cheveux longs aux cheveux courts, de la soumission d'Anne-Marie à la volonté de son père. C'est tout le mythe de l'enfance que Sartre bouscule ici, tandis que classiquement l'enfant est valorisé dans la littérature. Mais c'est aussi sur la littérature elle-même, vécue comme une religion, un absolu, que Sartre se montre volontiers ironique ; nous y reviendrons.

⑤ Structure du récit et éléments de narration

Sartre ne s'embarrasse pas de respecter l'ordre chronologique. S'il fournit de nombreuses précisions du type *« à quatre ans »*, *« un jour – j'avais sept ans »*, *« j'ai cinq ans »*, il ne s'attarde pas sur des éléments pourtant essentiels, comme son apprentissage de la lecture, dont on ne sait pas bien quand il intervient ni comment il se déroule. Si dans la première partie, « Lire », Sartre donne des dates souvent précises, dans la seconde partie, « Écrire », seuls quelques événements rythment le récit. Il est d'ailleurs frappant que ces deux parties feignent de se suivre, alors qu'elles se déroulent sur la même période. Sartre procède par thèmes (la religion, la famille), mais il ne se contente pas d'en faire une liste. Au contraire, la construction astucieuse du roman permet de découvrir ces thèmes au fil d'une « progression logique ». Quant aux éléments de narration, ils sont précis et structurés. Sartre est ici un narrateur omniscient – ce qui peut sembler acceptable dans la mesure où il s'agit d'une autobiographie –, alors qu'il critiquait par ailleurs vivement les romanciers qui s'octroyaient trop de droits sur leurs personnages. Ici, « le petit Poulou » est à la merci de sa plume, et les jugements, à travers les qualificatifs, sont définitifs. Il y a un aller-retour tout au long du texte entre les scènes de l'enfance et la façon dont le quinquagénaire les relate.

⑥ Dans « le petit Poulou », les racines du grand Sartre

Sartre opère une dichotomie entre lui-même, qui écrit, et l'enfant qu'il fut. Il est notable qu'il se montre sévère avec lui-même, bien qu'il fasse passer son autocritique sous le trait de l'ironie. De la description physique de l'enfant *« gringalet qui n'intéresse personne »*, *« resté portatif »*, qui, une fois ses cheveux raccourcis, dévoile sa laideur de *« crapaud »*, au fait qu'il juge que son instituteur le pensait sans doute *« à raison, retardé »*, Sartre n'est pas tendre avec Poulou. Son regard sur ses qualités morales d'alors est rude : *« snob »*, un regard à la *« déférence affable »*, les qualificatifs péjoratifs sont légion. À travers la critique de son enfance, ce sont les adultes qui sont incriminés, puisqu'ils sont jugés responsables de la passivité de l'enfant, fait de leurs regrets. Mais dans Poulou réside la graine de Sartre : par son amour de la littérature, d'abord ; par sa défiance progressive à l'égard du religieux, ensuite ; par sa capacité de développer son imagination (*« je me défendis par l'imagination »*) et son inventivité, enfin. Le petit Poulou, d'apparence si lisse, porte bien le germe de la rébellion. C'est lorsque, quittant l'huis clos d'une vie familiale, Sartre découvre le monde, ou au moins le périmètre d'un quartier, qu'il réalise que sa solitude est soluble dans le malheur ou le manque d'espoir des autres, telle mademoiselle Marie-Louise.

7 Le rapport aux mots, à la littérature : qu'est-ce qu'un écrivain ?

Cet ouvrage, c'est un adieu à la littérature. Sartre le dit lui-même : *« J'ai voulu qu'il soit plus littéraire que les autres, parce que j'estimais que c'était en quelque sorte une manière de dire adieu à une certaine littérature [...], j'ai voulu être littéraire pour montrer l'erreur d'être littéraire »* (1974). L'auteur utilise ici plusieurs figures de style, telles que les métaphores (notamment lorsqu'il fait passer son approche de la littérature pour une aventure merveilleuse et extraordinaire, faite de découvertes dignes des explorateurs, à l'aide d'astucieuses métaphores filées) ou les figures d'opposition (instituteur/épicier, courage/humilité). Sartre, en voulant dénoncer l'écueil d'être « littéraire », opère paradoxalement une démystification de cette littérature dont il a chéri la découverte. C'est que l'auteur a vécu, écrit, expérimenté. Une sorte de bilan littéraire est alors exécuté. Lui, l'écrivain si prolifique, s'interroge sur l'identité d'écrivain, ou, plus précisément, sur ce qu'écrire veut dire. Par l'ironie qui se dégage constamment de ce récit, par la distance qu'il pose avec lui-même, Sartre interroge aussi la notion de postérité de l'écrivain, comme s'il en refusait l'idée (il n'est pas étonnant qu'il ait d'ailleurs refusé le prix Nobel de littérature, par indépendance mais peut-être aussi par souci de cohérence).

8 *Les Mots*, un objet littéraire comique

Plusieurs procédés comiques sont à l'œuvre dans cet objet littéraire, entre l'autobiographie et le roman. Outre l'ironie, dont nous avons déjà fait mention et qui ne vise d'ailleurs pas forcément à un effet comique, Jean-Paul Sartre fait passer le comique à travers le choix des mots. Tantôt ils moquent, comme lorsqu'il fait employer des termes particuliers à ses protagonistes (*« Charles est un être exquis »*, mot « à la mode » employé par madame Picard), tantôt ils dénoncent le ridicule avec lequel les personnages s'approprient des termes convenus, et pensent les utiliser avec esprit. Dans cette fausse grâce des mots, mis dans la bouche des « acteurs », Sartre met du comique, de la moquerie. Les mots sont alors le symptôme d'un esprit du « laisser-faire » bourgeois, une attitude presque moutonnière. D'une façon plus complexe, l'usage d'antiphrases, où Sartre dit quelque chose mais montre plus largement qu'il pense le contraire, procède également de cet effet comique. Outre les mots que l'auteur fait prononcer à ses personnages, se sont également les attitudes et les comportements qui se révèlent comiques. L'homme « gras » qui entend séduire Anne-Marie est rendu ridicule dès sa description physique, dès l'annonce de sa gestuelle. Enfin, le comique réside dans les situations, comme les scènes où Poulou est « animalisé », quand il se couche tel un chien sous le bureau de son grand-père.

9 Une critique sociale

Sartre est né à une époque de grands bouleversements : 1905, son année de naissance, est aussi l'année de la séparation de l'Église et de l'État. Si l'affaire Dreyfus est loin, affaire profondément polémique et clivante dans la société, la guerre de 1914-1918 arrivera vite. Raconter son enfance, c'était donc forcément raconter son époque. Et Sartre, on le sait, ne rechignait guère à la critique politique et sociale. Sous la Troisième République alors à l'œuvre, le Parti radical est majoritaire. Sartre y fait plusieurs fois référence, parlant de *« république des Jules »*. Le ton se veut moqueur ; Sartre accuse les idées radicales de se contenter de l'impérialisme, du colonialisme, dont on sait qu'il fera plus tard la critique virulente. Cette bourgeoisie qu'il refuse finalement, cet ordre bourgeois, Sartre admet l'avoir, enfant, acceptée – mais cela serait sans doute étonnant qu'il ait pu, aussi jeune, critiquer le mode de vie bourgeois et sa classe. Ce détachement de sa classe de naissance, l'auteur en fera d'ailleurs une pièce de théâtre, *Les Mains sales*, où le héros, Hugo, trahit les intérêts de sa classe pour rejoindre le combat d'extrême gauche. Quant à l'annexion de l'Alsace-Lorraine, rappelons que la famille maternelle de Sartre, les Schweitzer, l'a vécue. Pour finir, à propos de la propagande de division morale entre Français et Allemands, Sartre en parle comme d'une *« comédie »*.

10 Le rapport à la famille, « huis clos » grotesque

L'enfance est pour Sartre le lieu de l'abus, où les adultes se croient tout-puissants pour façonner leur progéniture. L'usage de nombreux termes de théâtre, voire de vaudeville (*« bouffonnerie »*, *« cabotinage »*, *jouer »*, *« polichinelle »*, *« masque »*), induit l'idée que la famille est le lieu de la comédie, du spectacle de façade. Le grand-père, Charles, est le premier personnage, presque bouffon, incriminé. Ses gestes, ridiculisés, en particulier au moment des repas familiaux, n'ont rien à envier à ceux d'un personnage de comédie : c'est comme si Sartre voulait dénoncer la structure familiale comme le lieu d'une forme de brimade théâtralisée, d'huis clos étouffant, bref, la famille n'est pas le lieu du vrai mais celui des apparences, où chacun tient son rôle. Dans l'absence du père, aussi, se loge la critique, sociale, politique, voire philosophique, de la sacro-sainte figure paternelle. Sartre, on l'a dit, a perdu son père très jeune (autour de 15 mois). C'est son grand-père qui endossa ce rôle, et Sartre dit : *« Il n'y a pas de bon père, c'est la règle ; qu'on n'en tienne pas grief aux hommes mais au lien de paternité qui est pourri. »* Mais cette présentation très dure de sa famille – à l'exception de la mère aimante et libératrice – doit aussi être lue à la lumière de ce que Sartre voulait se présenter à son public comme totalement détaché de cette bourgeoisie originelle.

Edigo
60, rue Vitruve, 75020 Paris
Textes : Pauline Delabroy-Allard et Kim Hullot-Guiot
Illustrations : Estelle Richard

Imprimé en république Tchèque par Finidr
Dépôt légal : septembre 2013 – Achevé d'imprimer : septembre 2013
ISBN : 978-2-35933-187-5

Lire et comprendre, une même soif de connaissance

Stendhal, Balzac, Montesquieu, Maupassant ou Voltaire… vous avez découvert ou redécouvert des auteurs majeurs, de ceux dont les écrits – plusieurs centaines d'années après leur mort – composent le fondement de la littérature classique. Ceux dont les œuvres ne vieillissent pas. Ceux qui ont inscrit à l'encre indélébile les bases de notre culture. Ceux, plus contemporains, qui partagent nos préoccupations, nos légendes passées et présentes, ceux dont les personnages collent parfois à une réalité brûlante. Vous avez plongé dans ces histoires, partagé un peu de ces chemins de vie (une vision parcellaire tout du moins), côtoyé des personnages qui ont pris vie sous la plume des plus grands auteurs. Vous avez compris les enjeux de certains pamphlets, vous avez retrouvé des traits communs à des courants littéraires, des modes d'écriture. Les auteurs classiques ne vous paraissent plus inaccessibles. Les auteurs contemporains ne vous semblent plus aussi insondables. Les fiches affiliées à ces œuvres, qu'il s'agisse de *Madame Bovary* (Flaubert), *Dom Juan* (Molière), *L'Écume des jours* (Boris Vian) ou toute autre parmi celles qui composent ce fascicule, vous ont apporté un éclairage sur le travail des auteurs, mais bien plus encore. Vous avez pu, sans devoir lire l'intégralité des textes originaux, toucher le cœur de l'œuvre, en comprendre les mécanismes, en analyser les principes et les enjeux, découvrir son appartenance à un courant littéraire. Certaines fiches vous auront peut-être donné envie d'étudier un titre dans son entier ou de lire d'autres œuvres d'un même auteur. Vous vous êtes peut-être aperçu aussi que vous partagiez certaines affinités de pensée avec tel écrivain, que l'éclairage donné sur telle époque méritait que vous vous y intéressiez davantage. Mais surtout, vous êtes maintenant convaincu que les mots et les chiffres font bon ménage. Parce qu'entre les Lettres et les Mathématiques, il y a en définitive cette même soif de connaissance.